增华集

吉林大学考古学科教学改革创新与实践

王春雪　吴　敬　邵会秋
　　　　　　　　　　　　　　编著
蔡大伟　魏　东　陈全家

上海古籍出版社

本书出版得到吉林大学考古学科"双一流"建设项目资助
本书研究工作得到吉林大学2017年度本科教学改革研究项目"高等院校
考古学科创新人才培养模式研究"（2017XYB006）的资助

2010年，内蒙古赤峰市魏家窝铺遗址吉林大学考古学专业2008级学生
实习发掘现场
（段天璟 供图）

2011年，内蒙古赤峰市魏家窝铺遗址吉林大学考古学专业2009级学生
实习发掘现场
（王春雪 供图）

2007年，宁夏水洞沟遗址发掘现场全站仪的使用 　　　（梅惠杰 供图）

2011年，内蒙古赤峰市魏家窝铺遗址吉林大学考古学专业2009级学生实习室内整理场景（王春雪 供图）

2011年，著名考古学家张忠培先生在内蒙古魏家窝铺遗址为吉林大学
考古学专业2009级学生讲授红山文化的陶器特征　　　（王春雪　供图）

2007年，北京大学夏正楷教授为参与发掘宁夏水洞沟遗址的学生讲授
水洞沟遗址第2地点的地层成因　　　　　　　（王春雪　供图）

2008年，中外学者对宁夏水洞沟遗址的文化内涵及环境变化展开讨论

（王春雪 供图）

2010年，段天璟教授为吉林大学考古学专业2008级学生在发掘驻地进行现场授课

（段天璟 供图）

2009年，俄罗斯科学院杰列维扬科院士在中国科学院古脊椎动物与古人类研究所和学生讨论水洞沟遗址的石制品　　　　　（王春雪　供图）

2008年，中国科学院古脊椎动物与古人类研究所研究生参与发掘的乌兹别克斯坦Kulbulak遗址工作现场　　　　　　（王春雪　供图）

2008年，中国科学院古脊椎动物与古人类研究所研究生参与发掘Obi-rakhmat遗址的考古营地

（王春雪 供图）

2007年，中外学者参观俄罗斯克拉斯诺亚尔斯克地区旧石器时代遗址

（李隆助 供图）

2004年，中国科学院古脊椎动物与古人类研究所主办的第一届石器微痕训练班上研究生张晓凌正在进行石片使用的模拟实验　（陈福友　供图）

2004年，中国科学院古脊椎动物与古人类研究所主办的第一届石器微痕训练班上研究生张晓凌在显微镜下观察石器微痕　（陈福友　供图）

2008年，中国科学院古脊椎动物与古人类研究所组织的泥河湾盆地地质考察

（王春雪　供图）

2009年，中国科学院古脊椎动物与古人类研究所开展的石器打制模拟实验

（王春雪　供图）

目录

田野考古篇

"80后"教师与"90后"学生

——以高校考古学专业本科田野实习中的新型教学关系为例

　　在高等院校的一些专业中,实习是本科教学体系和实施素质教育、创新实践的重要组成部分。对于考古学专业的本科生来说,田野实习尤为重要,它能够将课堂上所学的专业基础知识与田野考古发掘实际工作相结合,有利于学生对这些理论知识的掌握与运用;同时,也可以使学生对野外考古发掘现场的具体工作有更为深入的了解,极大地锻炼学生的现场适应能力,使其熟悉考古发掘工作的整个流程,特别是理解在田野发掘过程中应该如何与地方政府及当地兄弟单位处理及协调好关系,这些对于学生以后课程的学习以及未来工作的适应也有所帮助。田野实习是培养考古学专业本科生的实际田野能力,野外考古发掘现场分析、解决问题能力的有效途径,是理论教学的继续、深化与检验。

　　随着我国考古行业的蓬勃发展,基层考古单位及高等院校考古专业需要更多具有实践能力和创新能力的创新型人才,这使得田野实习在考古学专业本科生培养体系中的重要地位得以凸显。在高校中,教师与学生是教学过程中最活跃的两个因子①。因此,师生关系也就成了教学过程中最基本的也是最重要的人际交往关系。师生间只有相互理解,良好合作,才能产生好的教学效果。目前正值基础教育课程改革的关键时期,搞好素质教育,除了转变传统教育观念外,师生关系问题也不容忽视。所以,"80后"教师与"90后"学生能否建立良好新型的师生关系不仅关系着田野实习效果的好坏,还将影响着"80后"教师未来的职业发展及"90后"学生进入社会前的实践能力培养。

一、"80后""90后"师生关系的特点

(一)"80后""90后"概念的内涵及所处的时代背景

"80后"这个概念最早是由作家恭小兵提出的,随后迅速流传并在网络中高频率使用,现在已被用来指代整个20世纪80年代出生的年轻人②。而"90后"是1990年到1999年年底为止出生的中国公民。"80后""90后"所处的时代具有三个特点:

---

① 邱希梅:《浅谈会计专业实习教学改革的认识》,《科技信息》2009年第29期。

② 栾雯惠:《80后教师与90后学生构建的新型师生关系心理分析》,《黑龙江教育学院学报》2010年第8期。

（1）改革开放以后，我国经济开始飞速发展，1990年前后我国的经济更是一直处于快速平稳发展的阶段。（2）新鲜事物的普及和迅速发展。网络的高速发展使得"80后""90后"处于一个知识大爆炸的世界里，QQ、微信、MSN、Facebook、Twitter等即时通讯的兴起，使"80后""90后"很容易接触到不同层面的、良莠不齐的各种信息，这些信息也对他们的思想观点、价值观和精神世界产生着重大的影响①。（3）"80后""90后"大学生基本都是独生子女，生活在父母的精心呵护中，使得这两个群体不同程度上以自我为中心，以个人和个性作为追求和推崇的目标。

（二）"90后"大学生的心理特征

由于"90后"大学生成长所处的社会背景、政治制度、文化教育和社会对人才素质要求的迥异，这一代年轻人的思想和文化素质的发展倾向及发展水平都表现出差异性。因此，分析"90后"大学生的思想及心理特征，有利于把握"90后"大学生专业教育管理的特点与规律。

1. 信息接收渠道多样化及信息量复杂显著化

21世纪以来，网络的高速发展和普及使得"90后"大学生处于一个信息高速发展的时代，他们伴随着网络技术的不断发展而成长，信息接收渠道增多，遇到新技术易上手，从而导致接收到的

---

① 崔景贵：《90后大学生心理发展的基本特征》，《教育与职业》2008年第35期。

信息纷繁复杂,良莠不齐。网络使得"90后"学生个性更加独立而有主见,更加注重独立思考与独立选择,接受的爆炸式增长信息使他们的思想更为早熟和多元化。

2. 价值观多元化趋势明显[1]

网络获取信息的复杂化及多元化,导致"90后"大学生的价值观呈现多元化趋势。在全球经济一体化的大背景下,"90后"大学生的视野更加开阔,深受多元文化的冲击。他们有着中国传统思想文化的根底,又有着西方外来文化的熏陶,进而推动其多元化价值观的形成。

3. 个性张扬,叛逆性较强

"90后"大学生思维独立自信,自我意识强[2]。由于网络的发展和普及,"90后"大学生的知识结构呈现复杂化和多样化的趋势。信息量的极大丰富和创造力的提高,使得他们更倾向于获得思想上的独立,而不仅仅是在课堂上被动接受老师的灌输性教育,想与教师进行平等的交流,以期自己的观点能够被充分认同[3]。这主要表现在思想上,自我意识与自信心较强,勇于阐明自己的观点,思路灵活,不拘泥于某种特定的方式或轻易同意他人的见解,乐于自主行动,不愿受人节制,对于他们感兴趣的事有

---

① 余海波等:《90后大学生的思想教育管理特点和规律》,《经济与社会发展》2010年第6期。
② 金斐:《"90后"大学生思想与行为特征的调查研究》,《中国电力教育》2010年第27期。
③ 邓然:《"90后"大学生群体特征调研》,《湖南工程学院学报》2010年第3期。

很高的参与热情;而在学习上,自己认为乏味的课不愿意听,却花大量时间阅读有兴趣或自认为重要的书籍等。

4. 人生目标相对明确

随着社会就业压力的逐年增大,"90后"大学生在入校前就能通过网络等媒介对大学的学习、生活等进行全方位了解,有助于他们更快地适应大学生活。就业压力重压下的"90后"大学生对未来的人生规划更加清晰、理性,例如提前准备考研、出国深造或考取驾照等。

5. 实践能力较强

"90后"大学生兴趣爱好广泛,并不满足于教师在课堂上所传授的知识,积极参加各项课外实践活动,吸收更多的知识。从文娱体育到科技文化,从校外兼职到校内活动,处处都有他们活泼的身影。正因如此,他们对实践性课程的学习热情和实践能力都普遍较强。

(三)"80后""90后"师生关系的特点

1. 年龄较为相近[①]

二者年龄差距小,代沟较小,交流较为容易,也容易产生平等的对话。"80后"教师可以利用年龄差距小的优势,与"90后"学生建立良好的友谊,这样更便于影响和教育学生。

---

① 栾雯惠:《80后教师与90后学生构建的新型师生关系心理分析》,《黑龙江教育学院学报》2010年第8期。

2. 获取的信息面相似

"80 后"与"90 后"同处于一个信息飞速发展的网络时代,获取信息的渠道多样化,且受到的文化影响较为相似,从而导致看待一些社会问题及文化现象可能存在一定的相似性。因此,"80 后"教师可以更加容易地与"90 后"学生进行沟通,在教育过程中也更容易产生共鸣。

二、考古学专业田野实习中的教学关系

(一)田野考古实习中对于教学关系的要求

高等院校中的考古学专业本科生田野实习通常安排在大二结束后的暑假以及大三上半学期,因为前两个学期学生已将田野实习所涉及的大部分考古学专业基础课程及相关考古技术课学完,基本掌握了田野考古实习所需的理论知识以及田野技能。为了保证田野实习的顺利进行,达到预期的教学目的,完成预定的教学任务,考古学专业田野实习必须对指导教师和学生提出要求。

1. 田野考古实习的指导教师应做到以下几点

(1)田野考古实习之前必须认真做好实习的准备工作,预先选择预定的考古工地进行生活准备。以吉林大学为例,在国家文物局的大力支持下,吉林省文物局协调吉林大学边疆考古研究中

心、吉林省文物考古研究所于 2011 年成立了"吉林省田野考古实践与遗址保护研究基地"①，由此吉林大学建立起了相对固定的田野考古实习基地——吉林省大安市后套木嘎田野考古实习基地，确保田野实习能够按计划进行。

（2）按照田野实习所涉及的考古遗址发掘面积，学生在实习工地会组成若干个独立组，通常每个组由 2 ~ 3 人组成，并被分在一个发掘探方（探方面积为 5×5 平方米或 10×10 平方米）内，参与本探方内的绘图、照相、遗迹清理等各项工作，而且每个组有 1 名学生为探方负责人具体记录每天整个探方范围内的发掘工作日记，指导教师会不定时到每个探方进行发掘指导。

（3）在按计划完成本探方发掘区内的发掘、资料记录等工作后，指导教师负责对每个参与考古实习的学生进行总结工作。总结工作包括对学生田野实习的考核及实习成绩的评定。田野考古实习成绩可由以下几部分组成：① 各种工作的实习成绩；② 实习期间（包括学习和生活）平时表现的成绩；③ 实习日记成绩；④ 实习报告成绩；⑤ 学生之间的相互评定。

（4）实习之前会聘请有数十年考古发掘经验的地方考古研究所技术专家做兼职的指导教师，以提高田野考古实习的质量。此外，还采用"走出去，请进来"的方法，一方面在实习间隙带领

---

① 王立新等：《吉林大安后套木嘎遗址发掘取得重要收获》，《中国文物报》2012 年 8 月 17 日第 8 版。

学生到遗址周边的兄弟单位考古遗址发掘现场参观、学习,了解不同时代考古遗迹的文化内涵;另一方面请校内外专家到驻地做专题讲座,通过座谈方式使学生更好地了解专业知识,把课堂教学和实践教学结合起来,达到预期的田野实习的目的。

2. 在田野考古实习中,学生应做到以下几个方面

首先,学生应该认真写好田野考古实习记录,主要包括每个人负责的墓葬、房址、灰坑等遗迹的发掘记录以及自己所负责的探方发掘日记。田野实习结束进入室内整理阶段时,发掘记录会作为评定成绩的依据之一,对发掘记录的要求有:① 实习期间当天必须认真写好发掘日记,不得事后补记,更不得抄袭其他同学的日记;② 记录所在探方的发掘情况、负责人组织管理等方面的情况;③ 记录当天所完成的发掘工作、对明天工作的设想和建议以及实习后的体会和收获等。

其次,在按计划完成田野考古实习后,应对野外实习进行全面总结,写出考古实习报告。实习报告会作为评定学生实习成绩的主要依据之一。

(二) 田野考古实习中教学关系的两种模式

在田野考古实习的教学过程中,教学关系主要体现在以教师为中心的"教"和以学生为中心的"学"这两种教学模式的关系上,根据当前教学现状我们发现,教与学并没有形成有机统一,而是各自为营,有时甚至相互对立。

1. 以教为主体的模式

通常情况下,田野考古实习完全将教师(实习时即为考古发掘工地的领队或执行领队)放在了中心位置,考古实习的教学内容、教学方法、教学手段均由教师提前设计好,再向学生进行信息传递,学生处于一种"被教育"的状态。而由于教师本身的专业背景及对该实习对象——某某考古遗址的认识可能带有强烈的个人色彩(当然绝大多数情况下,由于带队老师自身较强的研究能力及大量实践经验,其认识是较科学的),导致学生的信息量、知识面也具有一定的局限性。在这种模式下,虽然教师的主导作用得到充分发挥,但却忽略了学生在教学过程中的主体地位,在一定程度上可能会阻碍学生思维和自身能力的发展。

2. 以学生为中心的模式

教师从"绝对"主导的角色转换成为田野考古实习的组织者和指导者,通过有针对性地讲解考古实习过程中常见的灰坑、墓葬等不同类型遗迹的清理方法及信息提取方式,为学生进行考古实习提供理论及实践上的帮助,而学生,成为对一切信息、资源进行选择、加工的主体。这种模式有效促进了学生进行考古实习的主动性和积极性,并为学生进行探究性和创造性学习提供了更多的机会和更大的空间。然而,这种模式可能会缺少师生之间的互动和情感交流,对部分自我实践能力较差的学生,由于"怯场"、怕犯错而不敢独自对某个遗迹进行清理,从而让他们产生迷茫,导致工作进度延缓等后果。

(三) 考古学专业田野实习中教学关系存在的问题

目前,大多数开设考古学本科专业的高等院校均有田野实习这一教学环节,时间由一个月至三个月不等,以吉林大学考古学及博物馆学专业为例,田野实习时间一般为 15 周(其中考古发掘 12~13 周,室内整理 2~3 周)。在这短短几个月时间里,学生会有角色上的变化(由学生变为考古队员)、心理上的变化[最初的新鲜期(处处觉得新鲜、好玩)——疲劳期(感到劳累、焦躁、情绪低落)——适应期(考古发掘现场的各种工作均已熟悉,且能做得很好)——稳定期(主动帮助发掘速度较慢的同学清理遗迹,并能够提出自己的想法和见解)],这些变化都会使处于田野实习阶段的学生产生一些问题:

1. 抗挫折能力较差[1]

"90 后"学生思想开放,个性张扬,且价值观念新颖,但缺少吃苦耐劳精神,导致其抗挫折能力差。例如,在实习过程中面对一些困难和挫折,"90 后"学生常常会产生怨恨、退缩等消极情绪,并对"漫长的实习岁月"失去希望和信心。不能正确面对带队老师的批评,容易产生失衡心理,影响学习、工作。

2. 学生实习过程中存在"眼高手低"等现象

部分学生在对待刮面、找边、剔人骨、绘制遗迹平剖面图等一

---

① 蒋明军等:《"80 后"与"90 后"大学生价值观比较研究》,《上海师范大学学报(基础教育版)》2010 年第 1 期。

些考古发掘技能上，总认为很简单，不愿意多动手去做，从而导致操作不熟练、不规范。

此外，"80 后"教师在田野实习中也存在着一些问题：

1. 知识储备方面

"90 后"学生处于信息化的飞速发展时期，接受教育的途径已经不再是单纯的教师传授，更多是来自网络。部分学生的知识面较宽，且求知欲强，这对于刚刚博士毕业参加工作的"80 后"教师显然是一个巨大的挑战，一些学生会问到一些教师未涉及的专业领域，回答不好的话，学生会质疑教师的能力，教师的自尊心也会受到严重打击。

2. 教学心理方面

"80 后"教师正处在世界观、人生观、价值观趋于成熟但尚不稳定的成人初显时期，又是刚刚加入教师行业，在田野实习中，难免会在教学实践中出现刻板、教条、不懂变通等问题而遭到学生质疑，严重时甚至影响其授课的情绪、自信等。

3. 教师与学生之间的人际关系方面

"90 后"学生推崇民主平等，积极维护个人权益。在与教师的交流方面，"90 后"学生的自主自信，让他们比"80 后"学生更加要求得到公正平等对待和相互尊重①。如遇到教师在实习期间处理问题欠妥，"90 后"学生就会在事后找到老师，有理有据地

---

① 张晓京等：《"90 后"大学新生思想行为能力特点的调查研究》，《思想理论教育导刊》2009 年第 1 期。

与教师交流想法,然后要求:"老师,既然您做错了,就请向我们道歉吧!"这种做法在十年前的"80后"学生中是极少出现的。而"80后"教师心中还是传统的"师道尊严"等观念,所以部分"80后"教师在实习教学管理、沟通上缺乏艺术,存在问题。

(四)田野实习中"80后"教师和"90后"学生之间构建良好教学关系的途径

建立良好的教学关系是教师与学生双方的共同目标,也是高等学校本科教育体系各项改革的重要任务之一,更是教学改革与创新工作的重要组成部分。教师是教学关系中的重要方面,其行为对师生之间能否确立良好的教学关系起着决定性的作用,所以"80后"教师应该做到:

1. 在心理上,要做到师生间平等,真心面对学生,关心爱护学生,公平对待学生。实习过程中,无论在考古发掘现场还是在平时生活上都应关心学生,给予他们实实在在的帮助。

2. 增加知识储备。以动物考古学为例,不仅要熟知动物考古学本身的知识,还要涉猎如第四纪地质学、古地理学、古气候学、埋藏学、古生物学、古生态学等方面的知识,增强自身的综合素质,从而提高教学活动的吸引力。

3. 科学研究的引导与深入。主要是通过引导学生对考古学研究方法和理论的学习,了解目前国内、国际考古学研究领域的前沿及热点问题,加强基本技能训练(包括基础理论学习及实践训练),掌握科学研究的基本环节(包括野外发掘、室内资料整理、撰写实习报告等)。

4. "80后"教师多是刚从大学中走出来的,受过专业教学的训练,但缺少教育实践经验。所以,"80后"教师必须了解学生的知识基础,在野外实习期间根据不同的教学环节,了解学生可能产生的问题,掌握学生的思考力、理解力,才能有的放矢地施教,起到事半功倍的作用。

(五) 构建新型教学关系后的变化

通过构建田野考古实习中"80后"教师和"90后"学生的新型教学关系,教师和学生在教与学方面发生了一些新的变化。

1. 更加注重师生之间的情感交流

情感对学生的心理和行为影响很大。在实习过程中,带队教师一个鼓励的眼神、一个肯定的微笑、一句温暖的话语、一个体贴的动作都能向学生传递出关爱的情感,让学生得到心理上的满足,从而获得学习的自信和勇气。

2. 带队教师一般都对学生采用了鼓励性评价

例如,在发掘过程中,采用"挖得非常细""灰坑的边儿找得非常漂亮"等鼓励性话语激励学生。鼓励性评价能增加教师的亲和力,使学生愿意主动接近教师,进行情感交流。构建新型教学关系,以尊重学生个性特点为出发点,创造一个和谐民主的评价氛围。

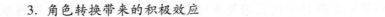
3. 角色转换带来的积极效应

带队教师在遇到学生挖坏或挖错某个遗迹时,一般都会引导学生以发生的错误来进行换位思考,例如,某个遗迹被挖错,你作为老师该如何处理? 而老师作为学生应该如何补救? 这些启发性的语言,往往会让学生感受到来自教师的理解与温情,从而带着轻松自信的情绪积极参与到教师为他们设计的田野考古教学活动中去。

田野实习是考古学专业本科教学中一项很重要的实践性教学环节,田野实习的质量直接影响着考古学专业毕业生的综合素质。因此,在田野实习中,"80 后"指导教师及"90 后"学生之间只有建立良好的教学关系,才能取得满意的结果。

总之,"80 后"教师通过田野实习提高了自己的带队实践能力,拉近了师生之间的关系;"90 后"学生通过在实习基地进行的田野考古实习,培养了综合能力,能够更好地适应未来工作的要求。同时,我们需要对考古学专业田野实习的实践性教学进行不断探讨、改进和完善,从而提高考古学专业毕业生的综合能力。

田野学校之我观

——浅析考古学专业研究生创新
能力培养的途径及方法

考古学是根据古代人类通过各种活动遗留下来的实物以研究人类古代社会历史的一门科学。实物资料往往是以一定的共存关系出现的,一个或一组遗存如果脱离了原始的共存关系,它的年代、性质、功能等问题将无从谈起,其学术意义就会大打折扣。复原实物的原貌及其所处的共存关系,只能在田野考古阶段进行。如果田野考古不过关,实物资料及其共存关系一旦失去,即难以恢复,就会给后来的一系列研究带来种种困难。当今考古学的发展方向是考古学与相关学科的结合日益紧密和广泛,然而,考古学与其他学科合作研究的平台仍为田野考古。如果田野考古出了问题,考古材料自身层位及共存关系定位不准确,相关研究也就失去了科学研究的条件和基础。因此,高质量的田野实践既是培养考古专业研究生的重要环节,也是目前我国高等院校培养考古专业研究生创新能力的基础和前提,进行学术创新的重要阵地和展现渠道。

一、"田野学校"的由来及其在考古学科中的定义

　　所有实地参与现场的调查研究工作,都可称为"田野实践""田野研究"或"田野调查"。田野实践涉猎的范畴和领域相当广,例如语言学、考古学、民族学、行为学、人类学、文学、哲学、艺术、民俗等,都可透过田野资料的收集和记录,架构出新的研究体系和理论基础①。"参与当地人的生活,在一个有严格定义的空间和时间的范围内,体验人们的日常生活与思想境界,通过记录人的生活的方方面面,来展示不同文化如何满足人的普遍的基本需求、社会如何构成"②,这便是田野实践。田野实践最初被普遍应用于文化人类学。

　　狭义的文化人类学即指民族学,早在 19 世纪中叶就已确立为一门独立的学科。以美国的文化相对学派和法国的文化社会学派影响最大。而广义的文化人类学包含考古学、语言学和民族学三个分支学科。20 世纪 20 年代以后,随着研究的深入和范围的扩大,文化人类学才形成包括民族学、考古学和语言学等分支

---

　　①　许传静:《文化人类学田野调查的发展及实质》,《西藏民族学院学报(哲学社会科学版)》2006 年第 5 期。
　　②　林惠祥:《文化人类学》,上海:上海书店出版社,2011 年。

学科①。在文化人类学属下,考古学的主要任务是:通过发掘、研究古代人类的物质遗存来复原人类无文字记载时期的社会文化面貌,探讨人类文化的起源和演变。而文化人类学的基本研究方法有实地参与观察法、全面考察法、比较法。

实地参与观察法即为常说的"田野实践",这是文化人类学最有特色的研究法。文化人类学家特别注重通过直接的观察,收集一手证据。那些研究现代民族生活方式的文化人类学家,则深入到这些民族中间,通过参与他们的活动、与他们交谈和观察他们的活动来了解其社会与文化。由此,考古学作为广义文化人类学的一个分支,将其基本研究方法之一的"田野实践"引入本学科内并赋予新的含义。维基百科将考古学科中的"田野学校"(Field School)定义为由特定机构(通常是高等院校、科研院所或者考古公司)组织志愿者参与考古遗址发掘活动的一种特定形式,在参与活动的同时,使参与者的动手及分析能力、心智得到锻炼以及实践健康的人际关系(特指团队精神)②。

二、我国考古学科中田野学校的发展

近几十年来,随着我国经济的繁荣发展,国家进行了一系列

---

① 蒋立松:《文化人类学概论》,重庆:西南师范大学出版社,2008年。
② *The Field School*. http://en. wikipedia. org/wiki/The_Field_School. 2008 - 06 - 07.

基本建设工作,而考古部门则积极参与诸如三门峡水利工程、三峡工程、南水北调等基本建设中的考古工作,发现了安阳殷墟、西安大明宫等珍贵的考古遗址,从而使考古发掘和文化保护一体化的趋势日趋明显。然而,与我国近年来发现的大批珍贵遗址相比,我国考古学科的研究能力、创新能力以及相对的技术力量远远不能支持和满足考古发掘与文化遗产保护一体化的道路。因此,要坚持加强国际合作与交流,与国外同行相互学习、取长补短、共同发展,使中国考古学更快走向世界;坚持把考古发掘和遗址保护与利用结合起来,自觉为文化遗产保护和利用提供学术支撑。这两方面都是近几十年来积累基本经验的重要内容,在今后发展中将予以传承和弘扬。以中国社会科学院考古研究所为例,1994 年以来,它先后与美国、加拿大、日本、澳大利亚、英国等国考古研究部门和高校合作开展中国田野考古工作①。2000 年、2002 年还派遣考古发掘队前往德国、俄罗斯等国参加田野考古工作。目前,该所已与日本、韩国、越南、英国、法国、俄罗斯、德国、美国、加拿大、澳大利亚、秘鲁等国相关高校及考古机构,签署近 20 个长期友好合作交流项目协议。这也体现了田野学校这种交流手段已被国际考古学科所接受,并在我国获得了大力的发展。

---

① 《中国考古开展国际合作 发掘与保护逐步一体化》,http://www.chinanews.com/cul/2010/07 - 27/2429142. shtml,2010 - 07 - 27。

三、田野学校在我国考古学专业研究生教育中的应用

（一）田野学校在我国考古学专业研究生教育中的应用

考古学是文理交叉的边缘学科。随着高校教学改革的不断深化,国际考古学研究的深入开展和国内考古学界的广泛关注与高度重视,以及在大力提倡素质教育,培养研究生具有创新能力和实践能力的前提下,如何使我国高等院校考古学专业研究生教育取得突破性的进展? 除应该加大考古学专业研究生课程建设与教学改革实践的力度,进一步改善教学环境,创建国内一流的考古学专业实验室和一套完备合理的教学体系以外,我国一些高等院校及科研院所的考古学者们已经认识到参加及举办田野学校在考古学专业研究生教育中的重要作用,并进行了一系列有意的尝试,开创了田野学校这一培养考古学专业研究生创新能力的新途径,期望能从根本上解决课堂讲授的理论知识与实践相脱节的现象,充分发挥田野学校的作用。近年来,我国考古学专业研究生教育对于田野学校这一新途径进行了积极探索,并取得了一定的成效,具体如下:

1. 2004 年 7 月 5 日至 8 月 18 日,吉林大学边疆考古研究中心师生 7 人与俄罗斯科学院西伯利亚分院考古与民族研究所在

俄罗斯阿穆尔州伊凡诺夫卡区进行考古发掘①,经过 40 天的野外作业,使用高技术手段测绘了墓地的地形图与平面图,共发掘 30 座靺鞨人古墓,发掘面积达 250 平方米。这次发掘工作是与俄方联合发掘国际上最著名的靺鞨墓地——特罗伊茨基墓地,是我国高校考古学专业首次到国外进行科研项目研究与田野教学实践(即田野学校)。在此次发掘中获得了陶器、金属耳环、马具、武器、青铜带具、石器等一批对研究靺鞨文化有重要价值的遗物。吉林大学边疆考古研究中心主任朱泓教授评价说:"这是一次全新概念下的田野考古发掘工作模式。"

2. 2009 年 7 月 15 日至 9 月 6 日,中国社会科学院研究生院考古系的两位研究生赴罗马尼亚参加由德国考古研究院欧亚考古研究所与罗马尼亚科学院考古研究所主持的罗马尼亚皮特雷勒遗址的联合考古项目②。1943 年罗马尼亚国家博物馆曾对其进行过小规模的发掘。自 2002 年始,德国考古研究院欧亚考古研究所与罗马尼亚科学院瓦西里·帕尔万考古研究所合作,在此进行大规模的考古发掘,在此之前已经进行了 6 个季度(2002 年、2004 年、2005 年、2006 年、2007 年、2008 年)的田野发掘。发掘的目的是复原当地的居民生活,考察公元前五千纪的社会分化进程。此次发掘领队为德国考古研究院欧亚考古研究所汉森教

---

① 《吉林大学师生首次赴俄考古发掘工作圆满完成》,http://www. jl. xinhuanet. com/news/2004-08/21/content_2724184. htm,2004-08-21。

② 王鹏等:《多瑙河畔的皮特雷特》,《中国文物报》2010 年 5 月 7 日第 3 版。

授,田野学校的成员包括来自德国、罗马尼亚、保加利亚、土耳其、格鲁吉亚、芬兰、美国、中国的30多位考古学、地理学专业的学者及研究生。田野工作主要由考古学和地理学两个团队完成,考古学团队负责遗址的发掘、土壤的浮选以及地磁探测等;地理学团队主要负责大面积的钻探、取样,勘测河道等古地貌信息。在田野工作进行的同时,室内工作也有条不紊地进行,包括陶片的清洗、统计、拼对、绘图、摄影等,负责室内工作的队员同时负责考古队的后勤工作。另外,特殊的遗物亦有学者专门负责,同步进行研究,例如对燧石核、石叶的分类、微痕分析等。通过参加此次田野学校,考古学专业研究生熟悉并掌握了德国、罗马尼亚等欧洲考古发掘方法和研究理论,并与西方年轻学者建立联系,促进此后的相互了解和学习。

3. 2010 年夏,中国社会科学院研究生院考古学系的一位研究生赴洪都拉斯参加由美国哈佛大学皮博迪(Peabody)博物馆组织的夏季田野学校(Summer Field School)①。皮博迪博物馆此次在科潘遗址举办的田野学校,内容丰富,包括了田野考古发掘与整理、重要遗址参观、西班牙语和玛雅文字的专门教学、知名学者讲座、阅读与讨论等诸多内容。除了上述活动外,不同国家的考古学专业研究生在发掘环节中还和哈佛大学考古学专业的部分研究生合作分组进行探方发掘,并参与了报告撰写和陶片整理工

---

① 《社科院考古所付兵兵赴美学习圆满结束》,http://www.kaogu.cn/cn/detail.asp? ProductID = 12046。

作。通过此次田野学校的实习,基本了解了科潘遗址的历史、发掘现状及考古工作方法。

4. 2008年夏,中国科学院古脊椎动物与古人类研究所的两位研究生参加了由俄罗斯科学院西伯利亚分院考古学与民族学研究所和乌兹别克斯坦科学院考古研究所联合组织的田野学校①。此次夏季田野学校发掘的均为旧石器时代遗址,分别为Kulbulak、Kyzyl-Alma II、Obi-Rakhmat 和 Dodekatym II 四个遗址。此次田野学校的学习,使中国的考古学专业研究生除了学习中亚地区较为独特的考古发掘方法外,还对中亚地区旧石器时代中期至晚期的遗址文化面貌有了较为直观的认识,也对晚更新世末期石叶技术在欧洲—中亚—东亚地区的传播有了更为深刻的理解。

(二)田野学校的特点及其在我国考古学专业研究生教育中的作用

根据国际考古学专业田野学校的一些主要活动情况,我们可以对其特点进行一定程度的归纳:一是在注重研究生基础训练的同时,着重培养研究生的动手能力和研究创新能力;二是注重教学相长;三是与研究生的学习兴趣和研究方向相结合,并贴近当前国内外学界关注的热点问题。考古学是一门实践性极强的学科,为了适应高等教育形式发展和考虑到未来国家各项事业发

---

① 彭菲等:《乌兹别克旧石器考古发掘记》,《中国文物报》2009 年 12 月 18 日第 3 版。

展对人才综合素质及能力的要求,研究生阶段的田野学校应该被纳入我国考古学科研究生专业培养计划之中,最终成为贯彻理论与实践相结合的教学理念、落实高校固本培元、着重提高研究生综合素质和能力之办学特色的主要措施。

考古学作为一门独特的学科,考古发掘和研究的进展既与其他人文学科一样,受到历史、政治和文化因素的影响,同时又在很大程度上为自然科学技术所推动。中外考古研究工作的基本状况尽管有着社会制度、历史情况和科技水平等多方面的差异,难以通过阅读相关专业文献获得全面的认识,但可以通过考古学专业研究生参加田野学校的形式进行了解,并为今后我国考古学专业研究生的专业研究提供借鉴之处。由此可见,田野学校在我国考古学专业研究生教育中具有较为重要的作用,主要体现在:一是田野学校形式多样,培养研究生学术创新能力;二是提高研究生综合素质,巩固专业兴趣;三是搭建与国外青年考古学者及研究生学术交流的平台,增进了解,也为以后毕业工作可能存在的国际合作奠定坚实的基础。

四、我国考古学专业研究生教育实行 田野学校的思路及方案

教育教学改革是高等学校研究生教育体系各项改革的核心,　　25

教学方式改革与创新是其重要的组成部分。根据新时期当代中国考古学对人才的需求,我国高等院校考古学科的教学理念,是着重培养研究生扎实的理论基础、过硬的基本技能和创新能力。基于此,本文认为田野学校模式的开展和推行在我国高等院校考古学专业研究生教育中具有重要的作用。根据目前我校考古学专业研究生教育教学现状,结合国际考古学田野学校的发展趋势和特点,在此提出相关的思路和方案:

1. 鼓励考古学专业研究生参加重点突出、层次分明的田野学校。结合考古学专业下具体的研究方向,鼓励研究生积极利用网络资源进行自主选择,挑选适合自己研究方向的遗址参与发掘。

2. 建立和实现田野学校环节、过程的规范化,在长期的田野学校实践中建立一整套规范的运作体系。首先,按照田野学校的实习大纲预先安排好实习的具体事项;其次,研究生参加完田野学校后要有完善的实习总结;再次,建立固定的资料整理和汇报制度;最后,实习纪律严明,保证田野实习的安全。

3. 建立包括经费、制度、质量、平台的保障机制,尤其是经费上的保障。每年有固定的经费投入(主要为研究生的交通费),保障经费来源。国际田野学校一般为参加者的交通费自理,而在实习所在地的食宿费用为田野学校组织机构负担。

研究生创新能力的培养是高校研究生教育教学的重要目标之一,也是落实科研、理论、实验交叉融合的组织保证。基于这一指导思想，在注重考古学专业研究生基础训练的同时，着重培养研究生的动手能力、学术创新能力。在田野学校的学习中，除了强调进行考古学的基础训练，要求研究生熟练掌握国内外考古领域的基本理念、调查方法和资料分析方法外，同时注重培养研究生的动手能力、发现问题的能力和进行学术创新的能力。我们希望通过对考古学科研究生教育中田野学校环节的建设和创新，能够培养出具有出色创新能力的科研自主型研究生。

实习基地的再思考

——以吉林大学考古学专业为例

一、引　言

实习基地是我国高等院校考古学一级学科培养学生实践能力和创新精神的重要场所，是学生了解社会和用人单位、接触与了解考古实践的重要媒介。近年来，国家非常重视高等院校的实习基地建设，出台了许多相关政策性文件，例如教育部在《关于进一步加强高等学校本科教学工作的若干意见》中强调，必须"大力加强实践教学，切实提高大学生的实践能力……要加强产学研合作教育，充分利用国内外资源，不断拓展校际之间、校企之间、高校与科研院所之间的合作，加强各种形式的实践教学基地和实验室建设"①。高等教育中重要的实践教学

① 李井葵等：《农业高校教学科研实践基地建设研究与探索》，《高校实验室工作研究》2012 年第 4 期。

环节,也是毕业生走上工作岗位之前必不可少的一环。通过专业实习,学生不仅可以加强田野实践能力和专业技能、提升自己的专业竞争力,也可以加强与地方用人单位(省、市考古研究所或博物馆)之间的联系、增加就业机会。因此加强田野实习基地的建设已经成为高校考古学专业学生培养的一项重要工作。

考古学专业的人才培养目标是,培养适应我国社会主义建设实际需要,德、智、体、美全面发展,掌握考古学科扎实的基础知识、较系统的考古学基本理论和基本技能,掌握一定的田野实践经验,受到基础研究和应用研究的系统训练,具有良好科学素养及创新精神的教学、研发和具有一定实践能力的复合型人才。由于考古学专业的特殊性,对学生动手能力和扎实的综合技能的训练显得尤为重要。由于实践教学具有独特的教学特点和教学手段,在培养学生动手能力、创新能力、实践能力等方面起着重要的作用,因而对考古学专业实践课程体系的改革,已成为实践教学改革的当务之急,而田野实习是考古学实践教学的一个重要环节,它具有与理论教学在时间上的衔接性、实践类型的全面性等优点。为此,建设田野实习教学基地,使理论教学和实践教学紧密地结合起来,既能更好地为教学、科研服务,又是完善人才培养模式的重要内容。

二、高等院校考古学实习基地建设
现状与存在问题

考古实习基地是高等院校考古学专业以提高学生田野实践能力、提升毕业生就业能力为出发点,面向用人单位建立稳定联系,能够长期提供具有一定周期、相对稳定的实习机会,在实践过程中为学生提供全方位的培训,使他们通过实践能正确认知并胜任未来工作岗位的就业实践基地。实习基地通常有校外实习基地与校内实习基地两种①。具有一定规模、时间连续且相对稳定的、能够提供学生参加考古学专业实习机会,以实现或帮助学生就业的考古发掘工地,通常称为校外实习基地。校内实习基地多为高等院校内的大学博物馆,通常为考古学学科下的文物与博物馆学专业的学生提供实习之用。由于考古学专业的特殊性,高等院校考古学专业的实习基地主要以校外实习基地为主。

长期以来,我国高等院校考古学专业为满足教学和科研的需要,都建设有不同规模的教学与田野实习基地,但由于受传统观念的影响,高校在教育教学管理中,普遍存在重理论轻实践的思想,对实践教学认识不够,导致考古实习基地建设资源配置、定

---

① 高海英等:《高职院校教学实践基地建设的研究与探讨》,《北方经贸》2008年第 1 期。

位、规划得不到应有的重视①。由于缺乏实习经费、基地建设经费等,对基地建设投入不够,实习场所存在规模小、条件差、交通不便、管理较为薄弱等问题。同时,由于对基地规划不当或缺少中长期建设规划,造成资源配置不合理,教学和科研脱离,学科交叉融合不够,严重影响了考古学专业创新型人才的培养和实践能力的提高。

三、吉林大学田野实习基地建设基本情况

近代考古学是建立在田野考古——以科学方法实地搜集考古学研究资料的基础之上的,因此田野考古学,特别是其中实地的田野考古调查和发掘就成为近现代考古学基础中的基础。世界各个国家和地区的高等院校无不以田野考古教学实习作为考古学教学的基础课程。目前国内各个设有考古学专业的高等院校通常会根据所在区域以及较为擅长的研究领域来设立自己的考古实习基地,例如,北京大学考古文博学院长期的田野考古实习基地主要有三个,分别为河南邓州八里岗实习基地、陕西周原—周公庙实习基地和甘肃礼县大堡子山实习基地②;中国人民

---

① 马鹏:《教学实践基地建设中的问题研究》,《中州大学学报》2013 年第 3 期。
② 钟棉棉等:《推进高校"学雷锋"活动制度化发展的实践与探索——北京大学考古文博学院"党群手拉手"活动侧记》,《学校党建与思想教育》2012 年第 7 期。

大学历史学院基于巴蜀文化的研究,于 2013 年 5 月在湖北省宜昌市设立考古与文博实习基地①;山东大学历史文化学院于 2010 年 8 月在山东省日照市设立了日照考古实习基地②;安徽大学于 2013 年 10 月在安徽省寿县立足于寿春城遗址的发掘设立了寿县实习基地③;2014 年 7 月,美国斯坦福大学东亚语言与文化系在周原博物馆挂牌"斯坦福田野实习基地"④,国内外共 30 多所高校在周原挂牌建立学术研究实习基地,也标志着周原考古研究走向世界。

吉林大学考古实习课程的模式初创于 20 世纪五六十年代,其后全国十多所高等院校考古学专业也陆续开设田野实习课程,但由于这种模式需要的带队教师人数众多、花费巨大,其他院校大多不能全面实施,即便实施也大大缩短实习时间,降低成本。而吉林大学考古学系不但坚持而且发展了这一教学体系,致力于完善课程设置,大大提高了实习的综合性、设计性和创新性。1980 年 5 月确定山西太谷白燕遗址作为实习基地;2010 年至 2012 年三年间以内蒙古自治区赤峰市的魏家窝铺遗址为实习基地⑤;

① 《人大宜昌考古实习基地揭牌》,http://news. cn3x. com. cn/content/2013 - 05/19/content_397846. htm,2013 - 05 - 19。
② 《山东大学日照考古实习基地揭牌》,http://www. rzhx. com/OperationDetail. aspx? ArtId=84419,2010 - 08 - 04。
③ 《安大考古实习基地落户寿县》,http://www. wxrb. com. cn/news/details/226350. html,2013 - 10 - 17。
④ 《宝鸡划地 18 亩兴建周原国际考古实习基地》,http://www. sxdaily. com. cn/n/2014/0717/c266 - 5472158. html,2014 - 7 - 17。
⑤ 吉林大学边疆考古研究中心:《吉林大学考古专业四十年(1972~2012)》(内部资料),2012 年。

2009 年国家文物局颁布《田野考古工作规程》后，为进一步推广该规程在田野考古实践工作中的应用，在国家文物局的大力支持下，在吉林省文物局的协调下，吉林大学边疆考古研究中心、吉林省文物考古研究所于 2011 年联合成立了"吉林省田野考古实践与遗址保护研究基地"①。

吉林大学从 21 世纪以来开始的田野考古实习课程教学改革，提出"以课题为中心、因材施教、教学相长、全面提高"的改革思路，针对学科性质和发展的要求，本着以科研课题为中心，带动田野考古方法和技术的进步，树立 21 世纪田野考古新的规范，全面提高教学质量和效果的理念，保留了过去合理的教学规划和内容，在河北、宁夏等地设立了一些新的实习基地，扩大了田野考古实习的内容，并加强了田野考古新科技的运用。其中包括：增加实习基地和实习内容，增加区域考古和区域考古调查的内容。增加田野调查和发掘整理的新科技技术手段，在调查和发掘中使用 RTK、全站仪、数码摄影及摄像技术，将调查和发掘资料全面数字化，与 GIS 系统相结合，依托法国考古发掘中较为常用的 Filemaker 软件自主开发了田野调查发掘数据库②。增加植物考古学、动物考古学的田野考古和资料搜集内容。增加现代科技考古和文物保护的田野阶段研究内容，如矿物学分析、微量元素分析、借助碳

---

① 《2011 年吉林大安后套木嘎遗址的发掘与收获》，http://bjkg. jlu. edu. cn/web_show. php? id=388，2011 - 11 - 26。

② 史宝琳等：《后套木嘎遗址田野考古数据库的建设》，《边疆考古研究（第 14 辑）》，北京：科学出版社，2013 年。

氮同位素分析开展食性与环境对比分析等,并在此基础上完善和发展了田野操作新的范式。使田野考古的理念、方法、技术、规范和教学始终能保持在全国范围内的较高水平。事实证明,吉林大学田野考古实习基地的教学范式契合现代考古学学科的发展规律,符合考古学教学体系的要求,也能最大限度地满足学术界以及社会对考古人才基本素质的培养要求。

四、吉林大学考古学田野实习基地建设管理主要措施

实习基地建设是提高实践教学和科学研究试验的决定因素,须对基地合理布局,综合设计,建立良好运转机制和管理制度,保证基地的科学运转,提高使用效率。

1. 科学规划校内实习基地是学校完成教学实习任务、保证学生实习质量的重要组成部分。对校内实习基地建设合理布局、统一规划,根据考古学及博物馆学专业的不同特点设定不同标准,实现资源合理共享。如我校南校区的考古与艺术博物馆实践基地建立志愿者服务站,集中服务、集中管理,提供教学、培训等服务,培养学生的专业素质,满足了教学、科研的要求。

2. 探索多种形式、多类型的校外教学田野实习基地的新模式。拓宽思路,发挥学校人才培养、科学研究、社会服务三大职

能,充分利用社会资源,多渠道建设校外田野实习基地,如立足于魏家窝铺、后套木嘎等一些重要遗址的长年发掘,与地方文物考古部门进行长期合作,既立足于科研,又锻炼了学生的田野发掘和室内整理研究能力,把实习基地办成了专业综合实践基地及科学研究的推广基地,实现了资源共享和互利双赢,真正做到学科建设与社会经济发展紧密结合。

3. 加强组织领导,提高科学管理水平,组织和协调好实习基地的建设与发展。

(1)合理安排教学实习时间,提高基地使用效率。根据吉林大学考古学科人才培养方案要求,制订了实践教学及实习计划,学生通常需要 15 周实习时间,包括田野发掘时间(10 周)和室内整理阶段(5 周)。实习期间,会涉及考古绘图、考古测量、考古摄影等实践,极大提高了学生的考古技术实践能力。

(2)建立了由兼具理论水平和丰富实践经验的年轻教师为骨干的实习指导教师队伍,并聘请了一批实践经验丰富、熟悉实习内容和要求、具有高级职称的校外专家担任实践基地指导教师,不定期来实习基地为学生们讲授考古学科的最新研究进展。如吉林大学哲学社会科学资深教授林沄先生、山东大学王青教授、美国俄勒冈大学李旻娥教授、白城博物馆宋德辉研究员、法国高等实践学院杜德兰教授等在后套木嘎实习基地为全体师生举办了一系列的学术讲座,内容涉及古环境、地质学、体质人类学、古 DNA、陶器残留物分析等,促进了专业学科的交叉融合,培养了学生的创新意识。

（3）加强实习基地制度建设和规范化管理。例如,在后套木嘎实习基地,制订了《吉林大学后套木嘎教学实习组织与管理办法》《吉林大学后套木嘎实习实验基地建设与管理办法》《吉林大学后套木嘎实习基地文物库房管理暂行条例》等文件。

（4）加强实习基地的基层党建工作。吉林大学田野考古学是国家级精品课,是吉大考古的品牌。田野考古发掘教学实习,是吉林大学考古及博物馆学系学生必修的专业基础课程,一般为期一个学期,均在野外进行,条件苦,任务重,生活相对单调。为保障教学科研顺利进行,凝聚队员力量,培养党员和入党积极分子扎根基层、服务基层的精神,充分发挥党员模范带头作用,吉林大学文学院党委决定在后套木嘎考古队建立临时党支部,探索出了一条基层党建的创新之路。2012 年 7 月 10 日,吉林大学考古系的 2 名带队教师、2010 级 19 名本科生、边疆考古研究中心的 13 名研究生以及来自吉林省各县市文物系统的 13 名学员,入驻吉林大安后套木嘎实习基地,并成立了后套木嘎实习基地临时党支部,召开第一次全体大会,选举产生了书记、副书记和委员①。临时党支部在考古发掘现场策划布置了"考古工地掠影",展示考古发掘过程和最新研究成果,招待当地居民有序参观学习;党支部还组建了"新荒文物保护宣传队",深入集市、村屯、田间地

---

① 《把支部建在考古队上——后套木嘎考古队临时党支部系列报道之一》,http://wxy.jlu.edu.cn/? mod＝info&act＝view&id＝2536,2012－08－16。

头,利用展板、条幅、海报等多种形式,展示当地厚重的文化底蕴,宣传文物保护理念,呼吁关注文化遗产,不仅充分调动了党员的社会责任感,更在当地掀起了"考古热",起到了向公众普及考古知识、宣传文物保护理念的良好效果。

综上所述,高等院校考古学科田野实习基地的建设与发展应紧紧围绕高等院校的办学宗旨,让学生在理论课程学习的基础上,能系统地学习田野考古基本的实践技能,培养学生动手能力,分析问题、解决问题的能力与研究创新能力。通过田野实习基地的实践平台,切实提高学生的各种能力,使高校培养的人才具有更强的社会适应力和岗位适应性,更切实地为社会提供更好的服务。

教育理念篇

学习兴趣的养成
——以考古学专业本科生为例

　　2017 年 9 月,教育部、财政部、国家发展和改革委员会联合发布《关于公布世界一流大学和一流学科建设高校及建设学科名单的通知》,正式公布世界一流大学和一流学科建设高校及建设学科名单。次月,习近平总书记在十九大报告中进一步强调,要加快一流大学和一流学科的建设。"双一流"建设的总体目标是推动一批高水平大学和学科进入世界一流行列或前列,加快高等教育治理体系和治理能力现代化,提高高等学校人才培养、科学研究、社会服务和文化传承创新水平,使之成为知识发现和科技创新的重要力量、先进思想和优秀文化的重要源泉、培养各类高素质优秀人才的重要基地,在支撑国家创新驱动发展战略、服务经济社会发展、弘扬中华优秀传统文化、培育和践行社会主义核心价值观、促进高等教育内涵发展等方面发挥重大作用。

　　在众多的建设目标中,提高人才培养水平应是最基础,同时也是最重要的环节之一。那么,如何提高人才培养水平,便成为

41

了所有高校和学科专业所关注的问题。在高等教育中,大家已经普遍认识到兴趣是学生最好的导师[1],无论如何培养,关键问题是看能否激发学生的兴趣。考古学作为典型的冷门专业,如何在本科教育阶段使学生养成良好的学习兴趣,是很多相关高校和专业都在摸索的问题,以下就一些实际工作中的经验和大家进行分享。

一、课堂教学诱导兴趣

现代考古学在中国诞生于 1921 年,时至今日已经走过了近百年的时光。中国大学的考古学本科教育始于 1952 年,当时的北京大学在历史学系下创立考古学专业,随后,西北大学、吉林大学等高校相继创办考古学专业。这些学校的课程设置不尽相同,但是其遵循的指导思想却基本一致,即"夯实基础、拓宽视野"。

我国高校本科专业的设置无外乎必修课和选修课,考古学专业也不例外。在课程设置上,必修课往往最能体现一个专业的基础知识。以考古学专业为例,几乎所有高校都会开设断代考古的必修课程,这是由中国考古学的研究现状所决定的,一般来说由

---

① 赵晓萌等:《培养大学生专业学习兴趣的实践与探索》,《教育教学论坛》2016 年第 1 期。

旧石器时代考古、新石器时代考古、夏商周考古、战国秦汉考古、魏晋隋唐考古以及宋元明考古这六大段组成。这些课程的内容是向学生整体介绍中国考古学的重要发现和研究成果，是整个学科基础知识的汇集①。只有对中国考古学的宏观背景有了最基本的认识，才能在此基础上，对相关时代和领域的专题知识做进一步了解。

在基础知识学习之后，各高校考古学专业会根据研究对象、研究地域、研究方法的不同，为本科生开设专业选修课，其目的是为了进一步拓宽学生的视野，让学生对中国考古学有更深层次、更全方位的认知，比如旨在拓展对古代建筑结构认识的古建筑考古、拓展对古人类生理病理认识的体质人类学、拓展对古环境认识的动植物考古②等。

这些必修课和选修课，多数以课堂教学为主，那么，我们如何在课堂中让学生萌发兴趣呢？

第一，教学内容的生活化。

考古学专业作为广义的历史学类专业，其教学内容都是和历史有关的，如果在教学过程中，不注重与生活实践的关联，往往容易陷入枯燥乏味的境地。而考古学的魅力正在于它所发现的是物质文明，而非纸上谈兵。因此，将考古发现与现实生活的物品

① 赵宾福：《考古专业本科生课程体系及田野考古学国家级精品课程建设——以吉林大学为例》，《历史教学（下半月刊）》2014 年第 12 期。
② 这些课程在吉林大学考古学专业均有开设，其他高校的考古专业也不同程度地开设有相关的课程。

或是行为相关联,其教学效果会有事半功倍的效果。例如,在介绍古代墓葬壁画中所绘的人物造型时,可以将画中人物的衣服、发型、动作等局部,与现实生活中的人物进行对比,使学生在古今穿越中加深对教学内容的印象。

第二,教学形式的多样化。

当今社会的发展日新月异,技术、方法、理念的更新换代非常迅速,而课堂教学往往更注重言传身教,如何在这样的时代背景下采用一些学生最能接受或是易于接受的教学形式呢?作为考古学研究而言,从来都是强调"看图说话",因为考古学研究的是物质文化史,它是有血有肉的历史,需要活生生的图片来表现历史。但是就现在的社会发展而言,光有图片已远远不能满足学生们的"胃口",这就需要在课堂上,采用更多形式的教学手段。例如:介绍基础理论或观点时,可以采用言传为主的方法,并辅以图片;介绍遗物时,可以让学生观摩实物标本;介绍遗迹时,可以展示三维图像或模型教具;介绍重大考古发现时,可以先简要介绍,然后选取相关纪录片进行播放[1],从而加深学生对这些重大发现的感性认识等。

在考古学专业的课程中,一门课程往往便会用到多种方法和手段,其目的是为了让学生更好地接受各种知识点,不让学生对

---

[1]　从纪录片的制作来看,央视纪录片制作团队往往会紧跟重要考古发现,从发现到发掘、从发掘到保护、从保护到研究的一整套过程都会进行长期的跟踪拍摄,这些纪录片从客观记录的角度出发,融入相关的历史研究,对于初学者来说更能接受,因此选择这一类型的纪录片更符合教学内容科学性的要求。

知识的掌握仅仅停留在纸面上，最终目的是通过生活化、多样化的教学，诱导学生对专业学习产生兴趣。

二、田野实践培养兴趣

考古学的研究对象是考古发掘出土的遗迹和遗物，因此考古学专业本科生必须修读的一门课程就是《田野考古实践教学》。这是一门全程在校外进行学习的实践课程，往往会用一个学期的时间让学生在田野考古发掘现场，完整地学习考古学研究资料的获取流程和技术方法。目前大家所关注的问题往往都是如何提高田野实习的质量①，但是田野考古实习不仅是理论知识与实践操作的结合，也是校园生活和社会实践的结合，因此田野考古实习也往往成为学生的分水岭，有的人因此更加热爱考古专业，也会有人从此远离田野考古工作。那么，如何在田野考古实践教学中最大限度地培养学生将来从事考古事业的兴趣呢？我们认为可以从以下两个方面进行考虑。

第一，提倡启发式的教育理念。

第一次参加考古发掘的学生往往会在刚开始的时候手足无措，尔后在老师的指导下逐渐进入角色。但是，老师在经过一段

---

① 刘扬：《提高高校考古专业田野考古实习教学质量的思考》，《内蒙古师范大学学报（教育科学版）》2015 年第 11 期。

时间之后，必须要把工作的主动权交还给学生，而且需要给学生一个理念：犯错不要紧，关键是要知道错在哪里，如何在后来的工作中尽量避免再出现同样的错误。因此，在指导实习的过程中，教师要注重对学生进行启发式教育，培养学生的自主学习能力和学习热情，让学生通过自己的思考，不断调整和完善工作方法，在总结教训的基础上积累经验，进而提高考古发掘的能力。如此一个实习周期下来，学生对于田野考古工作的兴趣便会日积月累，慢慢懂得"纸上得来终觉浅，绝知此事要躬行"的田野考古工作精神。

第二，培养融入式的生活能力。

对于现代大学生而言，往往习惯了包办式的家庭生活或集体生活，对于田野考古实习期间所要经历的乡间生活缺乏足够的认识和心理准备。一旦这种思想长期蔓延，便会使一些学生产生厌烦的心理或失落的情绪。因此，在田野考古实习期间，如何让学生保持一个良好的生活心态，是带队教师时刻关注的问题。田野考古实习期间，不妨尝试让学生参与生活上的管理，一是可以通过学生的视角弥补教师全盘管理的不足，二是可以通过这种方式培养学生的管理协调能力。让学生参与一部分的工地管理工作，能够使他们在学习考古发掘技能之外，在生活上也感受到自己对于考古发掘团队的贡献，从而使他们乐于投入田野考古工作，全方位地学习考古工地运行模式。

在田野考古实践教学中，从教师的角度把握学生的热情和兴

趣①,在学习与生活两方面双管齐下进行培养,不仅使学生掌握
基本的田野考古操作技能,同时也在一定程度上提升了他们的生
活阅历,让学生在专业学习和生活参与中不断增强获得感,这样
便能更好地让学生产生浓厚的兴趣,让第一次考古发掘成为让他
们受用终生的宝贵财富。

三、科学研究激发兴趣

对于任何专业而言,学生科研能力的提升是评价培养水平高
低的一项重要指标。考古学作为偏重研究型的专业,它的研究是
一个积累资料、分析问题、形成认识的漫长过程,但是对于考古学
专业的本科生而言,要让他们在短短四年的本科学习中做出技惊
四座的科学研究成果,这几乎是不可能的。但是对于他们而言,
虽然还不能快速地投入科学研究中去,但是却可以科学研究为导
向,激发他们的学习兴趣。对于这一问题,其实已经有很多高校
开始了有益的尝试。

其一,班导师制。班导师是很多学校使用过或仍在施行的制
度,其核心是挑选一部分专业教师,从大一开始就接手一个班级,

---

① 王春雪:《高校考古学专业本科田野实习中的教学关系分析——以"80后"
教师与"90后"学生构建的新型教学关系为例》,《高教研究与实践》2014年第1期。

在专业学习上给予学生各个方面的指导①。这些班导师会利用自己的专业背景和过来人的学习经验去引导学生进行专业学习。虽然这些班导师限于精力问题,很难对全班同学进行全覆盖式的指导,但是却可以通过定期集体交流、随时私下沟通的形式,向本科生渗透科研的理念、目的和过程等问题,潜移默化地激发学生的学习兴趣,让他们带着问题去学习。

其二,课题意识。很多理工科的学生在本科生学习阶段,便已经参与到了相关课程指导教师的课题研究和实验中,但是对于文科学生来说,目前还难以普及。尤其是对于人文社会科学来说,其研究需要大量的文献积累,而目前绝大多数人文社会科学专业本科生的学习是以基础知识学习为主,还难以达到从事科学研究所需要的文献积累,即便有一些高年级学生参与了一些课题研究,多数也是做一些资料搜集和录入的工作,难以接触到科学研究的核心领域。但是有另一种较为灵活的形式已经成为大学生尝试科学研究的途径,这就是大学生创新项目,它为包括考古学专业在内的很多本科生提供了非常好的尝试进行科学研究的平台②。目前,国家和各高校对大学生创新项目的投入逐年增加,虽然这些大学生创新项目在一定程度上存在着覆盖面小、参与者少的问题,但是这也能在一定程度上激发本科生的科研兴

---

① 许智宏等:《本科生专业班导师制实践探索》,《教育教学论坛》2018 年第 7 期。

② 李扬等:《基于"大创项目"的大学生创新能力培养模式研究》,《教育教学论坛》2017 年第 20 期。

趣。一个大学生创新项目会在指导教师的帮助下，通过项目负责人的组织和策划，带动整个项目组成员共同完成一个研究课题。尤其是考古学专业本科生会经历一个其他专业学生无法体验的田野考古实践教学环节，很多本科生会将考古实习的部分成果作为申请大学生创新项目的基础材料，这样他们在考古实习期间就有意识地带入一些科研目的和理念。虽然这些想法有时还略显稚嫩，但毕竟是大学生走入科研殿堂的最初尝试，应当最大限度鼓励他们的科研意识，尽量为他们营造一个宽松的研究氛围。

综上所述，兴趣是最好的导师，但是兴趣也需要通过不同的方式去养成。考古学专业的特殊性使其相比其他多数文科专业培养学生而言，拥有更多样化的兴趣养成方式。无论是课堂教学、野外实习，还是大学生创新项目，都具有更强的针对性和可操作性。当然，各种方式的使用和见效归根结底还是要有良好的设计和规划，各种方式取长补短，将它们的优势最大限度地发挥出来，从而进一步提高人才培养水平。

考古学本科专业教育

——以"四个回归"为切入点

　　2015 年 8 月，中央全面深化改革领导小组会议审议并通过《统筹推进世界一流大学和一流学科建设总体方案》，对新时期高等教育重点建设做出新的部署。2016 年 10 月，教育部部长陈宝生在出席武汉高等学校工作座谈会时提出，高校在双一流建设进程中，要做到"四个回归"——回归常识、回归本分、回归初心、回归梦想①。2017 年 9 月，国家正式公布世界一流大学和一流学科建设高校及建设学科的名单，10 月，习近平总书记在十九大报告中指出，要加快一流大学和一流学科建设。2018 年 6 月，陈宝生部长在成都举行的新时代全国高等学校本科教育工作会议上进一步指出，"坚持'以本为本'、推进'四个回归'"是高校本科教育的两个基本点②。从党和国家的方针政策上来看，加快推进双

---

　　① 　万玉凤：《陈宝生在教育部召开的武汉高校工作座谈会上强调高等教育要做到四个"回归"》，《中国教育报》2016 年 10 月 17 日第 1 版。
　　② 　陈宝生：《坚持"以本为本"，推进"四个回归"，建设中国特色、世界水平的一流本科教育》，《时事报告（党委中心组学习）》2018 年第 5 期。

一流建设、切实贯彻"四个回归"将是未来中国高等教育和本科教学的重中之重。

考古学是公认的冷门学科,但是中国近代考古学从 1921 年诞生至今,经过近百年的发展,其本科教育已拥有了较为稳定的模式。但是,随着科学技术的不断发展,日新月异的科技手段开始陆续运用于考古学研究中,使得以田野考古发掘出土材料为主要对象的考古学研究,获得了更多以往未曾关注的视角。考古学的本科专业教育,应注重传统知识还是提倡新兴技术,已成为摆在各高校考古学专业本科教育面前不可回避的问题。"四个回归"的提出,不仅为现阶段我国高等教育指明方向,同时也对各个学科专业的发展具有指导意义,本文将以此为切入点,对考古学本科专业教育的理念进行一些粗浅的探讨。

一、"四个回归"的基本解读

2016 年陈宝生部长在首次提出"四个回归"时,便对其进行了说明,2018 年又对其进行了进一步阐释。综观陈宝生部长两次讲话中对于"四个回归"的介绍,简而言之,可以作如下理解。

第一,回归常识——对于学生而言。高等教育阶段的本科生要做到了解国情、熟读经典、夯实专业、知行合一。

第二，回归本分——对于教师而言。高校教师要拥有良好的师风师德、扎实的专业学识、高超的教学艺术，将教书育人作为第一要务。

第三，回归初心——对于学校而言。高等学校要坚定正确的政治方向，努力培养合格的社会主义建设者和接班人。

第四，回归梦想——对于教育而言。高等教育作为兴国、强国的重要组成部分，应当支撑起中华民族伟大复兴的中国梦。

"四个回归"的提出，为新时代的高等教育以及师、生、校指明了奋斗目标和努力方向。与此同时，我们也应看到"四个回归"的核心内容是高屋建瓴的，但同一专业在不同高校之间、同一高校的不同专业之间都会存在较为显著的差异。考古学专业作为一个冷门专业，如何解读"四个回归"在考古学专业教育，尤其是本科教育发展和建设中的指导作用，必将仁者见仁。

二、考古学专业本科学生的"常识"

从"四个回归"的内涵来看，其对高等教育作了全方位覆盖，但从根本上讲，无论什么专业，学生都是核心。因此，学生回归常识在"四个回归"中也理所当然地摆在了首要位置。那么，对于学生来说,什么是常识? 本科生在大学期间,思想政治课可以让学生接触到最新的国情概况和最经典的理论常识①,然而不同专业必然会有各自的专业常识,考古学专业也不例外。

各高校考古学专业的本科生课程都分为必修课和选修课两大类。必修课所包含的内容一般包括旧石器时代至宋元明时期的断代考古学、考古学史、考古学理论与方法、田野考古实践教学等②。这些课程的核心内容是把中国考古学近百年所积累的重要发现、基本认识、理论方法和操作技术传授给学生,使他们清晰地认识中国考古学的发展历程,扎实地掌握中国考古学各时段的重要发现和常识。在此基础上,利用田野考古实习这一考古学专业的必修环节,锻炼实践技能,熟悉考古学研究材料的获得途径,从而为将来可能开展的田野考古工作和科学研究打下良好的基础。因此,这些课程可以称之为"基础性常识"。

在必修课之外,各高校还开设了不同方向的选修课③。这些课程有的是以考古材料积累到一定程度后的深入研究,例如陶瓷考古、宗教考古等,有的是新兴科技手段运用于考古材料后所开辟的新研究领域或是直接介绍新兴技术,例如科技考古、环境考

---

① 李福涛:《社会主义核心价值观与思政课教学融合研究》,《学理论》2016年第10期;许艳丽:《高校思政课教学改革的背景和理论基础》,《才智》2016年第30期。

② 从目前国内设置考古学本科专业的高校来看,如北京大学、吉林大学等重点高校,均以这些课程为本科生的主干课程。

③ 中国最早创办考古学本科专业的是北京大学,其后西北大学、吉林大学、武汉大学、厦门大学、中山大学等高校陆续开始招收本科生,但是由于各高校所处地域以及研究侧重的差异,所开设的选修课不尽相同,一般都以本校所擅长的区域考古或是所熟悉的科技方法作为开设选修课的基础。

古等。这些课程所涉及的内容或是与基础性常识课程紧密相关，或是以基础性常识课程内容为重要基础，其目的是为了拓宽学生视野，使学生在未来工作和深入研究中对所涉及的领域有一个初步的认识，或是对一些于考古学研究具有重要辅助作用的技术手段有初步的了解。因此，我们可将它们统称为"拓展性常识"。

从基础性常识和拓展性常识的定位来说，毫无疑问，基础性常识是本科生学习的根本所在。但是，现在有很多本科生往往图一时之趣，在大学期间将大量精力投入到拓展性常识中，从而忽视了考古学基本知识和理论方法等基础性常识的学习和积累，这种趋势往往在他们进入研究生阶段后表现得尤为明显。因此，作为本科生而言，在大学期间，应尽早地树立正确的专业观念，强化基础性常识的学习，在一定范围内积累拓展性常识的认识，不能说注重基础性常识就是因循守旧，没有传统知识的积累，就不会在前人的基础上更好地创新。

三、考古学专业从业教师的"本分"

学生有了努力和奋斗的目标，接下来便是教师应如何尽好应尽的责任。那么，对于教师而言，什么是本分？归根结底，就是要求老师将教书育人放在教师工作职责的首要位置。而且陈宝生部长对教师的本分还提出了三点要求，即德高、学高、艺高——高尚的师德、渊博的学识、先进的教艺。大学教师在做到以德施教、不断提高教学艺术的前提下，进一步提升个人的专业学识，应是教好学生必不可少的重要环节。考古学属于人文科学，基于考古学科的特点，对于考古学专业的教师而言，还有着更多的要求，因为考古学与历史学、哲学、文学等学科相比，有着与生俱来的特性。

首先，考古学的研究对象是科学发掘出土的地下遗存，随着国家对于考古事业的投入逐年增多，以及各地配合基本建设的考古工作越来越频繁，考古发现与日俱增，信息量呈爆发式增长。新材料的增多使得新观点层出不穷，原有的认识被考古新发现不断冲击，甚至颠覆。作为考古学专业教师，必须时刻关注新发现，要对新认识与旧观点的关系和发展脉络有清晰的认识。

其次，考古学研究的是物质材料，因此它又是人文社会科学中与理工农医等学科结合最为紧密的学科。例如：对各类遗物的成分测试属于理学范畴，对建筑遗存的解析需要工学知识，对人类遗骸的鉴定需要医学常识，对动植物及其环境的分析则需要农学或地学知识等。随着相关领域科学技术的不断进步，各种新兴科技手段越来越多地运用于考古发掘现场以及考古材料分析，这些新的科技方法从不同角度、不同领域为考古材料的解读提供了新的途径，而信息技术的发展也将考古资料的记录提升到了以往无法想象和无法企及的高度。

在新发现层出不穷、新技术日新月异、新观点此起彼伏的新时代,作为考古学专业的教师,只有通过不断学习,紧跟时代步伐,才能不断提升自身的专业素养,并将新论断、新理念、新技术通过课堂讲授和实践教学,原原本本地传授给学生,使学生们在对中国考古学基础知识有了充分认识之后,对这些"新事物"有概念化的认识,从而避免在工作中出现手足无措的情况。

四、考古学专业高校教育的"初心"与"梦想"

"回归初心"与"回归梦想",从基本意思进行解读,应当是国家在新时代对高等院校和高等教育提出的现实要求和奋斗目标。对于普通教师和学生而言,看似并没有太多的实际关系。但是,高等教育、高等院校、教师、学生又是大学教育不可分割的组成部分,环环相扣。只有培养学生树立正确的专业观,鼓励教师确立潜心育人的教学观,高校才能源源不断地为社会输送德才兼备的建设者,整个国家才会在教育的不断发展下继续稳步前行。

因此,在新时代、新形势下,"回归初心"与"回归梦想"对于设置考古学专业的高校及其专业教育理念,也同样具有重要的指导意义。

回归初心之于设置考古学专业的高校。考古学是一门基础学科,它无法为学校创造惊人的社会效益和价值回报,但是对于中国考古学的发展而言,又离不开高校考古学专业的建设和发展。高校培养出了合格的考古学专业人才,他们才能在进入工作岗位后来之即用,各地的考古工作和事业才能得以持续发展。而且在当今社会普遍追求社会经济效益的大环境下,更加要求考古工作者在艰苦的环境中,始终坚持那一份守护人类物质文明史的初心,而所有的这一切,都是与学校育人、育才的宗旨和理念不可分割的。

回归梦想之于高等学校的考古学专业教育。考古学专业的目标是要培养德才兼备的考古事业接班人,而归根结底,是要为中华民族伟大复兴的中国梦添砖加瓦。中华民族拥有五千年的文明史,在中华大地上繁衍生息的人类历史则有几万甚至几十万年之久,只有考古学能以物质文化的形式对其进行揭露和阐释。对于高等院校考古学的教育来说,必须要有一个持之以恒的中国考古梦,通过人才的培养,去揭示人类发展史和物质文化史,激励教师和学生们通过追寻百年、千年、万年前的人类足迹,为中国梦添加久远而厚重的历史渊源。

五、余　论

"四个回归"的提出,对于现阶段的高等教育而言,掷地有声地回答了高校人才培养的核心问题。本科教育是大学教育的本源,本科专业的基础知识称得上是本科教学的重中之重,因为夯实基础是深化和拓展的基本前提。大学教师在教书育人过程中所发挥的作用在很大程度上决定了学生的起点与高度,因此教师在大学的专业教育中起到了举足轻重的传承作用。在教师和学生协同进步的前提下,高校树立正确的教育理念为国家繁荣富强贡献一份力量,将是未来高等教育工作的发展方向。

中国考古学作为一个发展不到百年的新兴学科,其承载和揭示的历史却是久远的。无论时代如何发展,基础性常识永远都是学生学习的重点,新兴的技术、手段和方法只能是推动考古学研究向精细化、深层化发展的媒介,但却无法取代考古学研究的初衷——揭示人类发展的物质文化史。

新形势下,考古学本科专业的教学必须要加入对科技方法在考古学研究中运用的基本介绍,而且考古学本科教育最为重要的环节——田野考古实践教学,也可以将这些理念灌输给学生。但是,作为人文社会科学一员的考古学科来说,学科特点决定了专业背景和发展方向,基础性的考古学知识必然是其他科技研究的前提,因而考古学的本科专业教育也将永远在传统与现代的交织中砥砺前行。

中外对比篇

国内外高校科研评价体系的冷思考

——以考古学科为例

一、引　言

　　科研工作是高等院校职能的重要组成部分,这对于提高科学技术水平、提高高等教育质量和促进社会经济发展具有重要意义。随着科技体制改革的不断深入和高等教育事业的发展,建立科学的科研评价体系是摆在高校科研管理人员以及具体科研人员面前的一个重要问题①。由于当今高校科研评价体系存在着种种弊端以及由此引起的科学研究的诸多不良现象,已经严重阻碍了高校科技事业的发展,改革现行科研评价体系,改进高校科研评价制度,已成为加强高校科研管理、合理配置高校科研资源、调动高校科研积极性以及提高高校科研能力的关键所在。本文

──────────

　　① 吕春等:《对高校科研评价若干问题的思考》,《沿海企业与科技》2005 年第 7 期。

以人文社会科学中的考古学科为例,探讨中外高校科研评价体系的差异及其原因。

二、高等院校科研评价的意义

高等院校科研评价的结果已成为衡量高校办学水平以及教师年度考核、职称晋升的主要依据①。因此,探讨如何科学合理地评价高校的科研工作有着十分重要的现实意义。

1. 科研评价能为高等院校科研管理部门的决策制定提供扎实的数据依据。科研、教学以及社会服务等是高等院校的基本职能②。科研能力是最能体现一所高校科研水平和发展潜力的一项重要指标,科研工作实力的强弱会直接影响到高等院校的发展方向及目标③,通过建立有效的科研评估机制对院校的科研功能和效率作出阶段性评价,能够使高校的科研管理部门明确不同学科(人文社科、理工科等)科研业绩的状态,包括全校科研人员每年的科研产出及科研成果质量水平,并有助于厘清制约科研能力发展的不利因素,有利于充分有效利用全校的科研资源,从而为

---

① 冯文宇:《大学科研评价综合改革:导向困局与实践突破》,《河南科技学院学报》2016 年第 11 期。
② 吕春等:《对高校科研评价若干问题的思考》,《沿海企业与科技》2005 年第 7 期。
③ 吕春等:《对高校科研评价若干问题的思考》,《沿海企业与科技》2005 年第 7 期。

第二年乃至今后的科研决策提供扎实充分的依据。

2. 科研评价有利于调动科技人员的积极性。高等院校科研量化考核的结果同教师的科研奖励以及职称晋升等有着极为密切的联系①,所以通过科研评价体系使得科研人员的阶段性科研成果能够得到认定,同时,按照年度考评结果实施奖惩措施,这样能够激励科研人员更加努力地工作。

3. 科研评价能够对高等院校的科研人员产生一定的导向作用②。通过对于高等院校科研人员每年科研产出(包括科研项目及论文、著作等成果)的量化使得科研目标更加具体化,一方面能够使科研人员明确未来所达到的目标如何,另一方面也能通过依据评价指标制定相对应的考核标准及奖惩政策,从而对高等院校科研人员产生一定的导向作用。

4. 科研评价为优秀人才的培养提供了重要途径。高校的科研评价为优秀人才特别是年轻人才的培养提供了重要的途径。我国高等院校科研评价一般采用量化考核的模式,注重每年发表论文的数量、级别以及获得科研项目的多少,这都使得优秀的年轻人才有了更多的机会成长为青年学术骨干、学术领袖甚至是学科带头人。也正是这样的科研评价体系使得年轻人才具有了强烈的竞争意识和科研进取精神,反过来激励着年轻人更加

---

① 吕春等:《对高校科研评价若干问题的思考》,《沿海企业与科技》2005 年第 7 期。

② 吕春等:《对高校科研评价若干问题的思考》,《沿海企业与科技》2005 年第 7 期。

努力,进而有利于教师队伍的建设,特别是年轻骨干教师的梯队培养。

三、科研评价的原则

对高等院校科研人员主要进行定量的科研评价,应根据不同学科科研人员自身的特点,并以事实为依据进行评价,应遵循以下几个原则①。

1. 适应性原则

应该在将科研评价体系内不同学科视为一个有机整体的前提下,充分考虑到不同学科的特殊性,可以适时调整定量评价的范围。

2. 科学性原则

根据不同学科门类(基础科学、应用科学)的特殊性,对不同学科门类的成果产出形式及内容进行科学、有效地界定,突出科研评价体系的科学性、灵活性。

3. 导向性原则

应结合某个学科及整个高校当前的"十三五规划"的科研目标,有导向性地引导科研人员紧紧围绕本学科、本学校甚至整个

① 吕春等:《对高校科研评价若干问题的思考》,《沿海企业与科技》2005年第7期;袁靖:《动物考古学研究的新发现与新进展》,《考古》2004年第7期。

国家的总体目标开展科研活动。同时,适当地引入竞争手段来调节科研投入,使得科研人员更加积极地开展科研探索,使其找到与国内外同行的科研差距,从而达到提高其科研能力的目的。

四、以考古学为例对高等院校科研工作
进行评价和考核的冷思考

21 世纪是一个以创新与发展为主题的新世纪,培养高素质的创新型人才及建设稳定、高产的科研人员队伍是高等学校人才培养的重要任务。目前,考古学在各个高校人文社会科学诸学科中占有非常重要的地位,它不仅能够训练出其他人文学科所需要的极强的动手能力、敏锐的观察能力、清晰的思维能力,还能培养出学生独立思考判断的优秀品质,在培养学生独立思维能力和科学严谨地处理问题等方面是其他人文学科课程所不可替代的。20 世纪 60 年代初,美国一批年轻考古学家举起"新考古学"旗帜,并使这股新考古学思潮在 20 世纪七八十年代传入中国,这也使得当今的中国考古学在传统方法和新考古学方法以及不断更新和完善的理论方法推动下,迅速向前发展①。与目前蓬勃发展

---

① 袁靖:《动物考古学研究的新发现与新进展》,《考古》2004 年第 7 期。

的北美考古学相比,我国高等院校考古学专业目前还存在很大差距,无论是教学还是具体的科研上都很薄弱,甚至存在一些空白区域。目前国内高等院校考古专业的教师基于学校规定的科研评价体系,为了迎合一些量化指标而采取一系列重科研、相对轻教学的模式。然而,培养高素质的创新型人才,是目前我国高等院校考古学专业研究生教学亟待解决的主要问题之一,而这一问题是与高等院校科研人员评价体系有着直接关系的。下面具体分析一下北美高等院校考古学科具体的科研评价体系,以及在此科研评价体系之下所取得的一些优势。

北美高等院校的考古学学科或专业通常从属于人类学系,是人类学的一个专业。有强势考古学专业的学校,在本科和研究生的培养方面,通常实力都比较雄厚。本科阶段侧重通识教育和多学科背景,打牢基础,形成整体框架;博士阶段则侧重对研究问题能力的培养。本科毕业生一般授予人类学学士,分为 B. A. (Bachelor of Arts)与 B. S. (Bachelor of Science)两种,前者偏重文史与艺术,后者偏重科学,对接博士阶段的研究方向[①]。研究生一般分应用与学术两类,应用类的学制短,授予 M. A. (Master of Arts)学位,面向就业和市场;面向学术的则授予博士学位,在此期间,学生要接受严格的学术研究训练。一般来说,实力雄厚、规

---

① Price, T. D. and G. M. Feinman, "The archaeology of the future". In *Archaeology at the Millennium: A Sourcebook*, edited by G. M. Feinman and T. D. Price, Kluwer Academic/Plenum Publishers, New York, 2001: 475 – 495.

模较大的人类学系,从本科到研究生,具备所有层次的学位授予资格,甚至还开设相当规模的辅修课程、证书课程或网络课程。

开设考古学专业的美国大学是非常多的,比较优秀的学校,一般都设有考古专业,即使没有本科课程,一般也会有博士或硕士的项目。考古学有着非常多的研究方向,这些不同方向的研究人员和教师往往分散在不同的大学中,形成各自的优势学科和研究方向。北美高等院校的考古学教育开始较早,1894 年在美国授出第一个考古学的博士,1933 年授予第一个女性考古学博士学位,但发展并不迅猛,直到 1950 年,不足 100 个博士学位被授予。从此之后,大学授予了大约 14 000 个人类学博士学位,其中超过 30% 为考古学的博士学位,每年有近 100 名考古学博士毕业。美国考古学会 1946 年有成员 661 人,2010 年达到 7 500 人,相当于整个欧洲考古学家的数量。

根据目前北美各个设有考古学或人类学的高等院校网站介绍统计①,这些高校对于考古学科科研人员的科研评价体系大同小异,均有相对明确的对研究人员进行评价的指标及相关要求,具体整合如下:(1)具体的标准,包括研究能力、论文发表情况、学术研讨会上的表现、学历以及与同事间合作互动的能力等;(2)每一年进行科研评价时都要对评价指标进行适当调整和确认,以使这些指标适用于本学科或专业的所有人;(3)在职称晋

---

① http://www.college.columbia.edu/bulletin/core/. http://anthropology.arizona.edu/for_grads, Graduate Handbook.

升过程中,职称候选人的资格名单确认前,要获取本领域知名专家的匿名推荐信;(4)在评价过程中要制定连续的、严格的可供审查的程序;(5)要对科研评价后没有入选的人员做进一步选择的考虑。也正是在这样的科研评价体系之下,北美考古学学科的科研人员所建立起的全球领先优势主要表现在:(1)多元理论与不断创新的方法;(2)多学科的合作;(3)民族学的宝库,积累极其丰富的民族学参考材料,对于解释考古材料非常有帮助;(4)世界的视野,研究全世界的材料赋予其宏大的视角,在研究人类起源、农业起源与文明起源等问题上占有独特的优势;(5)人才的规模与组成,巨大的人才存量,使得在每个问题上都有许多学者在探索,可以交流;(6)开放的体制与灵活的管理以及人才的充分流动,对于学术的发展又有催化剂的作用。

五、国外高等院校科研评价的启示

高等院校科研评价是高校对各项科研活动实施有效管理的重要手段,已经开始引起社会各界的广泛关注,根据上文北美高等院校考古学科的科研评价体系,可以得出以下几点启示:

1. 坚持正确的评价导向。由于高校科研评价工作与科研人员的切身利益密切相关,所以对高校的教师有着很强的导向性。因此,高校科研评价能否坚持正确的导向不仅直接影响高校科研工作本身,而且也会影响到高校师资队伍建设和学科建设。以考古学等人文社会科学为例,在强调人均论文数量、论文级别的同时,应引导教师提高论文的质量,不能盲目、不切实际地将 CSSCI 等各种收录作为考核的主要依据。

2. 结合人文社会科学科研成果的特点,适当采取同行评议的手段。这是因为人文社会科学部分学科的研究成果涉及价值判断,定量化的评价标准难以实现较为公正的评价,这也是目前北美高等院校科研评价的主要手段之一。

3. 评价过程中的国际化要有相对正确的取向,并不能为了盲目追求国际化,而单纯引入 SSCI、A&HCI 等量化指标,过度地加大这些论文在学术评价体系中的权重,应强调其引用率等量化指标。

"世界一流学科"是怎样建成的

——从考古学科建设的探索谈起

一、关于"世界一流学科"考古学科的理解分析

目前，推出世界大学排名较具影响力的四大机构 Quacquarelli Symonds(以下简称 QS)、美国新闻和世界报道（以下简称 US News)、泰晤士高等教育(Times Higher Education,以下简称 THE)、上海软科教育信息咨询有限公司（2003 年首次推出世界大学学术排名 Academic Ranking of World Universities,故以下简称 ARWU)均推出了相应学科领域排名,其排名体系均考虑了学科间的差异性,在高等教育界具有较强的影响力。基于美国科学信息研究所资料库(ISI Web of Science)获得的客观数据,评价指标分为在 Web of Science 过去一年的论文总数、文献总数以及过去五年的论文总引用数、期刊总影响力、期刊引用总影响力、

国际合作六项(表1)①,分别评估各高等教育机构的近期科研产出、科研产出持续性、研究影响力、研究质量、研究数量和国际认同程度,各占21%、10%、21%、18%、15%、15%权重,由此我们可以得到考古学科世界前十名的高校名单(表2)。

表1　学科排名指标体系②

指标体系	释　义
学术声誉	QS公司将大学的"声誉"视为大学排名中最重要的评估指标。得分来自同行评议人的评审统计结果,学者们被要求选出在近三年内他们认为在其领域表现最优秀的学校,不包括他们自己所在的学校。
雇主声誉	得分来自在全球或者重要国家招聘毕业生的雇主反馈,雇主们被要求选出他们认为培养出最优秀毕业生的大学。
篇均被引	2017年排名的引文数据来源于Elsevier的Scopus数据库的23 000个学术期刊在2010~2015年发表的文章在2010~2016年被引情况分析,文章类型包括:期刊文章、会议论文、评议、书籍及书籍出版章节。 　　(1)在2016~2017年度排名中,QS分析了1 030万篇研究论文和6 630万被引频次;(2)教师数据来自各学校。
H指数 (H-index)	代表"高引用次数"(high citations),最初被提出定量评价科研人员学术成就的方法,一个人的H指数是指在一定期间内他发表的论文至少有H篇的被引频次不低于H次。在QS排名体系中,对于机构的H指数是指它至多有H篇论文分别被引用了至少H次。综合反映了机构论文产出的数量和质量。

表2　2017年世界大学考古学科综合排名(前十名)

排名	机　　构	国　家	学术评价	雇主评价	论文引用率	高引用次数	得分
1	剑桥大学	英　国	100.0	99.5	83.6	94.2	97.7
2	牛津大学	英　国	97.7	100.0	89.1	98.2	97.1
3	伦敦大学	英　国	94.6	87.6	90.9	100.0	94.1
4	哈佛大学	美　国	91.1	94.4	95.2	96.2	92.4
5	杜伦大学	英　国	90.8	93.7	89.8	94.2	91.3
6	加州大学伯克利分校	美　国	92.3	75.2	89.3	89.6	90.0
7	斯坦福大学	美　国	84.9	89.0	98.3	94.2	87.6
8	澳大利亚国立大学	澳大利亚	83.2	78.5	91.2	94.2	84.6
9	密歇根大学	美　国	88.0	70.7	83.2	74.6	84.5
10	莱顿大学	荷　兰	89.8	66.8	72.8	70.6	83.9

注：资料来源于 QS 网站排名及各个大学官网信息。

考古学科其任务在于根据古代人类通过各种活动遗留下来的实物,以研究人类古代社会的历史。它在我国属于人文科学的领域,而在世界其他国家则多从属于人类学或艺术史。下文将根据以考古学科世界排名前十位高校为代表的世界一流学科在学科设置、学科结构、发展战略、管理体制、人才队伍建设、学科功能、学术环境七个方面对其共同具有的一般性特征及其个性特征进行阐释[①]。

---

①　杨玉良:《关于学科和学科建设有关问题的认识》,《中国高等教育》2009 年第 19 期;王小力等:《世界一流大学的布局与选择——基于 2015 年 QS 世界大学学科排名的分析》,《苏州大学学报(教育科学版)》2015 年第 4 期;冯用军:《中国特色一流大学和世界一流学科建设若干基本问题研究(上)》,《决策与信息》2016 年第 11 期。

第一，在学科设置上，增设新的学科门类，促进学科设置由单科向多科发展。

学科门类众多是当今世界一流大学学科布局的一个突出特点。但从世界一流大学考古学学科建设的历史来看，没有一所大学在初创时期就设置广泛的考古学学科领域，恰恰相反，几乎每一所大学在开始的时候学科设置都比较单一或门类很少，以后才根据不同时代科技发展和人才培养的需要，不断增设新的学科门类，逐步形成了历史考古、冶金考古、古人类学、体质人类学、齿科人类学、艺术史、水下考古、文化遗产保护等多学科、多研究方向并存的局面。以剑桥大学为例，18世纪时，由于受欧洲启蒙运动和产业革命的影响，剑桥大学先后在当时的历史考古学系建立了神学、数学和自然哲学、医学三个教授讲座，教授们开始讲授天文、物理、化学、测量术、航海术、植物学、医学等自然科学方面的课程。到19世纪初，随着大工业的兴起和发展，特别是受德国洪堡创办的柏林大学办学模式的影响，剑桥大学开始重视考古学科的考究学和研究并顺应时代的要求，逐步建立了埃及学、美索不达米亚考古、文化遗产、亚洲和中东研究院、考古学与人类学博物馆等分支及学院。如今的剑桥大学共拥有8个分支学院，除了上述分支以外，还有公共卫生学院、数学学院、设计学院等也为其服务。学科设置几乎涵盖了除工学以外的所有大学科门类。其中的生物学、化学、地质学、药物学等学科都是考古学科坚实的辅助学科。

第二，在学科结构上，注重构建多学科相互交叉、促进、融合的学科体系。

从世界一流大学的考古学学科结构来看，一般具有以下特点：一是文理基础性学科实力雄厚，基础研究特别强；二是以强大的医学、化学、生物学、物理学等应用性学科为主干；三是综合性、交叉性学科特别多。应该说，这种学科结构是比较合理的，因为它符合学科之间的相互制约和互动互补的关联规律。

从科学的角度讲，文理等基础性学科是知识的源头，是一切基础性学科发展的基础和后盾，它以揭示自然界和人类社会发展的普遍规律为主要目的，虽然不能直接转化为现实的生产力，带来直接的经济效益，但却从根本上制约着人才培养的质量和科学研究的水平，没有实力雄厚的基础学科，学校就很难提升水平；而应用性学科以直接应用为目的，虽然不能在科学发展上取得划时代的重大成果，但由于它和人们的社会生产、生活紧密相连，一旦取得突破，就能马上带来巨大的经济和社会效益。所以，没有应用性学科，学校就很难办出效益；至于大量的综合性、交叉性学科则基本上是这两种学科有机交叉、相互融合的结果。因此，在这些学校的考古学学科建设实践中，均没有把考古学这种基础性学科与应用性学科截然分开，离开了基础学科，应用学科就缺乏后劲和潜力；离开了应用学科，基础学科就缺乏生机和活力。这是高水平大学考古学学科建设的一条基本规律。

世界一流大学的考古学学科结构基本上都是自觉遵循这个

规律自我建构的结果。如考古学科排名第二的牛津大学是世界上最古老的大学之一,考古学科一直是它的传统优势学科,但它并没有囿于传统而故步自封,相反,随着工业革命的发展,它很快意识到了自然科学的伟大意义和单纯发展人文学科的局限。牛津大学从 18 世纪末就开始重视自然科学,并且取得了很大的成绩。如今已在化学、生命科学(包括医学)和数学等领域推行交叉学科,培养出了数十位世界著名的立足于自然科学领域的考古学者。牛津大学之所以能形成这样的学科结构,就是因为"牛津从来不认为发展新的学科可以损及它在人文学方面的传统优势。伟大的大学应该努力争取在自然科学和社会科学领域作新的突破,同时维持人文学科研究的高水平,在这两者之间保持一种平衡"。

第三,在发展战略上,以突出重点、形成特色为指导思想,反对平均发展和机械模仿。

虽然这些世界一流大学考古学科的发展水平都很高,但在学科建设的发展战略上,仍然强调突出高等特色教育。正是因为世界一流大学都坚持了突出重点、形成特色的考古学学科建设指导思想,才出现了一个个大学都个性鲜明、特色突出、各有所长的生动活泼景象。如牛津大学以生物考古学见长,剑桥大学以两河流域考古和埃及考古突出;哈佛大学以历史学与考古人类学闻名,斯坦福大学以东亚考古学及考古学理论著称;密歇根大学则以北美印第安人史前史研究最强。由此可见,要建设世界一流大学的一流学科,在学科建设上,必须做好形成特色学科这篇文章。

第四,在管理体制上,建立科层组织与矩阵结构相结合的管理体制。

当代科学发展的一个重要趋势就是学科既高度分化,又在高度分化的基础上高度综合,且以高度综合为主。世界各国著名大学的考古学学科建设在管理体制上基本都顺应了这一趋势。一方面,继续保持按学科分化要求建立起来的院系科层式学科建制的传统,以促进学科的进一步分化;另一方面,又根据学科综合化发展的趋势,建立了大量的各种形式的跨学科的研究中心或组织,以促进不同学科的交叉、融合。如考古学科世界排名第6的加州大学伯克利分校,仅人类学系下就设有10多个小学院,另有19个专业组和10个本科生跨系科组织。

另外,其他一些著名大学如牛津大学、剑桥大学、密歇根大学、澳大利亚国立大学等也都有类似的情况。不过,最具代表性的还是英国的伦敦大学学院。伦敦大学学院总结了过去大学讲座制的经验,吸取了国外大学的先进经验并根据时代需要,建立起了与其他大学不同的教学和研究组织;在教学上,伦敦大学学院设置了第一学群、第二学群、第三学群和生物考古学、文化遗产、艺术史等专门学群,下属若干个学类,每一个学类下又包含若干个专业主攻方向。除专门学群外,每一个学群都包含有人文、社会、自然3个学科领域,相当于一所小型综合性大学。学类则相当于其他大学的学部或单科性学院。伦敦大学学院的考古

增
华
集

学科就是这样一个"若干所小型综合性大学加若干个单科性学院的联合体"。学生在这样的联合体里,可以广泛地接触各种不同的学科或专业,了解各专业之间的相互联系,避免一般大学因不同学科或专业之间互相隔绝,而导致学文的不懂生物、学历史的不懂医学的弊端。在科研上,设立了 12 个专业方向,下分 24 个主要研究领域。学组是教师进行学术研究并隶属于大学的基础科研组织。全系的每一个教师都必须按照各自的专业分属于某一个学组,就是说在一个学组里在籍,但是在开展研究活动时,则不受学系及其主要研究领域的限制,可以同其他学系的教师共同协作研究。在学组内,个人可以单独专门研究,也可以自愿结成小组研究,小组成员可以跨任何学组,只要研究上有需要就可以自愿结合。另外,除学组以外,伦敦大学学院还根据科学研究的需要,随时设置"特别课题研究组织"。特别课题研究组织一般承担的是"大型""跨学科"的或者需要多学科协作的"综合性"研究,它不仅吸收大学内部教师和研究人员参加,必要时还邀请校外其他科研机构研究人员参加。伦敦大学学院的这种教学、研究组织,既有利于学科的分化,又有利于学科的综合,体现了分化与综合相结合的特征,是一种较好的考古学学科建设体制。

第五,在队伍建设上,高度重视人才高原的形成,依靠汇聚一流名师,提升学校的学科水平。

世界一流大学的考古学科实行的是引进与开发有效结合的原则。根据人才的特点,分析本学科学术目标的主要内容,寻找两者的契合点,从而制定既符合学术需求又匹配人才特长的发展规划,获得人才个人发展和高校组织发展的双赢。其中尤其注意学科发展道路上对师资的评价,应充分尊重学术活动的复杂性和创造性,通过促进教师的专业进步,以提高每个教师的学术产出能力的手段来达到增强高校学术创造力的效果。

第六,在学科功能上,走人才培养和科学研究、社会服务一体化的道路。

世界一流大学在考古学学科功能上都坚持教学、科研和社会服务密切结合,使人才培养、科学研究和社会服务有机地统一为一体,不仅培养了大批高层次人才和杰出的社会精英,而且创造了许多划时代的科学和技术成果,为经济发展、社会进步、文化繁荣作出了突出的贡献。同时,也为自己奠定了崇高的社会地位,赢得了良好的社会声誉。例如剑桥大学自建立考古学科起,就把培养适应社会发展需要的高级的科学与技术相结合的考古学专业人才作为自己的办学目标,自始至终坚持面向社会需要进行教学和科研。二战后,剑桥大学利用战争期间遗留下来的科研设备和研究条件,积极开展无人机、探地雷达、计算机三维扫描等领域的科学研究,并努力使其转化为产品,近年来研发了很多高科技设备及软件,并随着文化遗产保护意识的增强,大力发展文化遗产的开发、利用及公众服务。

第七,在学科环境上,保障学术自由的环境不受影响。

学科建设作为一种促进学科发展的实践活动,它不仅要继承学科的优良传统,更重要的,是要营造一个适宜学科发展的良好环境。这样,教师们才能自由地开展科学研究,从而促进学科水平的迅速提升。正如哈佛大学前校长博克所说:"只有具有安全和自由保障的学者才能探求科学真理。"综观各个世界一流大学的考古学科,无一不具有这样一个良好的学科发展环境。

二、国内考古学科冲击"世界一流学科"存在的问题

(一)缺乏一流学科建设带头人及学科梯队①

世界一流大学的考古学科发展显示,缺少一流的学科带头人和科学合理的科研、教学梯队,无论给予什么样的政策优惠、多充足的资金投入、多齐全的硬件设施,最终也难以建设成一流学科。冲击"世界一流学科"仅仅重视梯队建设是不够的,关键是要具有科学地选择带头人和梯队的思维方式。

(二)目前学科建设追求大而全,缺乏重点

首先,轻质重量,贪多求全,盲目追求学科设置的多样性、全

---

① 常文磊等:《世界一流大学及一流学科建设:核心论域与路径突破》,《教育探索》2016 年第 12 期。

面性,争办"大而全"的综合性研究型大学,致使国内高校专业设置重复,缺乏特色。其次,学科结构不合理,具体表现为四种情况:一是学科内部传统研究方向多,新兴研究方向少;二是单一学科多,综合交叉学科少;三是基础学科基础研究水平较低,与应用学科的交叉性不强;四是学科发展不平衡。由此,分散了本来就不多的人力、财力,有限的资源无法集中,学科建设无法突破原有的平台。今后,必须有规划、有重点地进行学科建设,进一步完善必要的制度、环境。

(三)实验室等科研用房短缺与学科发展之间不协调

实验室建设与学科建设的要求相差甚远。主要体现在科研用房上,由于考古学科属于基础学科,重点立足于对田野发掘资料进行科研及教学工作,随着考古遗物的逐年增加,目前的科研用房已经不能满足考古学科的发展。

(四)在人才的引进上脱离实际,具有盲目性

在引进人才或留校时,只对应聘者的学历、专业、技术职称以及年龄提出刚性要求,侧重考核应聘者的论文发表和科研项目主持情况,而对人才的实际水平、发展潜质考察不够,尤其是忽视了对人才团队精神、心理素质的考察。在人才评估时存在"重硬轻软"现象,即"唯高学历、高文凭",轻视人才的综合素质与思维创新特征,缺乏人才价值意识。结果常常是学校发展

急需的人才没有引进来，不急需或根本不需要的人才却引进不少。

三、"世界一流学科"考古学科建设未来努力的方向

第一，学科设置必须与时俱进。不同时代，由于经济、科技、文化发展水平不同，社会对大学的需求也不一样。重点大学作为高等学校系统中的"先锋队"，必须根据社会发展的不同需求，及时增设新学科，改造旧学科，只有这样，才能不断满足社会发展的不同需要①。否则，就有可能被社会所淘汰。

第二，在学科布局上，应该根据不同学科之间的内在联系建立合理的学科结构。学科结构不仅决定着学校的类型和特色，而且也制约着学科发展的水平和质量。学科结构不是自然形成的，而是办学者根据社会发展需要、结合学校学科传统和实际条件主动建构的结果。世界一流大学学科结构的特点虽然具有一定的特殊性，但在一定程度上也反映了世界一流大学学科建设的基本规律②。我校考古学科应该自觉地学习并结合自己的实际创造

---

① 崔英子等：《地方高校建设一流学科存在的问题及对策》，《黑龙江畜牧兽医》2017年第7期。

② 刘沧山等：《世界一流大学学科发展的经验研究》，《大理学院学报》2013年第2期。

性地运用这个规律,与我校生命科学学院、临床医学院、化学学院、地球科学学院等相关院系进行交叉合作,注重发展新兴学科和交叉学科。

第三,坚持"有所为、有所不为"的发展战略①。学科发展是无限的,即使只有一个学科,也有很多发展方向,任何一所大学都不可能在所有学科或所有发展方向上争创一流。世界一流大学也并非每一个学科都是一流。所以,我国重点大学在学科建设战略上也应该坚持"有所为、有所不为"的方针,集中力量,选择最能发挥本校优势、最有可能取得重大成果的一两个学科,重点发展,率先突破,以形成特色。

第四,加快内部管理体制改革。世界一流大学不论是内部机构的设置还是学科资源的配置都强调遵循学科分化和综合的发展规律,其内部管理体制既有利于学科的分化,也能促进学科的综合②。相比之下,我国重点大学的内部管理体制则基本上是按照学科分化的特点设计的,各院系自我封闭、独立发展,即使在同一院系的不同组织之间也存在着沟通协作不畅、资源共享困难的问题,这就非常不利于学科的综合发展。因此重点大学应该借鉴世界一流大学学科组织的特点,加快推进以促进学科综合发展为核心的内部管理体制改革。

---

① 常文磊等:《世界一流大学及一流学科建设:核心论域与路径突破》,《教育探索》2016年第12期。
② 翟亚军:《大学学科建设模式新解——基于世界一流大学的分析》,《学位与研究生教育》2009年第3期。

第五，要着力进行学科队伍整体建设。世界一流大学学科建设的成功经验表明，学科建设的根基在于学科队伍建设①。只有建设一支一流水平的学科队伍，才能建成一流水平的学科。而一流水平的学科队伍，不仅表现为其学科带头人具有一流水平的学术造诣和学术声望，而且还要求这支学科队伍群体应具有一定的水平和实力。因此，在学科队伍建设中，我们不仅要重视学科带头人的选拔和培养，更要重视学科队伍整体素质的建设和水平的提高。

第六，重视学科整体功能的提升。人才培养、科学研究和社会服务作为学科功能的三个方面是密切相连的，缺少或忽视任何一个方面，其他两个方面的功能都不能得到很好地发挥。所以，要建设一流的学科，必须重视学科整体功能的提升。

第七，注重学科环境的优化。优良的学科环境是提高学科水平的一个重要条件。优良的学科环境包括"宽容"的政策环境、"宽裕"的生活环境和"宽松"的学术环境，其核心是"宽松"的学术环境②。当前我国大学学科环境的不良主要不是党和政府政策的不"宽容"，也不是学者们生活环境的不"宽裕"，而是大学内部营造的学术环境不"宽松"，主要是学校制定的内部津贴制度过分注重对教师工作业绩的量化考核，强化了教师的功利思想，

---

①　刘沧山等:《世界一流大学学科发展的经验研究》,《大理学院学报》2013年第2期。

②　邬大光:《世界一流大学解读——以美国密歇根大学为例》,《高等教育研究》2010年第12期。

助长了教师的浮躁学风,使教师难于安心执教治学①。所以,优化学科环境的关键是改善大学的内部学术管理机制。

第八,增加投入力度,构建高水平学科基地。考古学科在加强学科建设的同时,要做好基础设施的建设,强化支撑条件,着力构建高水平的资源共享平台,加速重点学科建设步伐。首先,要加大仪器设备和图书资料的投入力度,购置先进的仪器设备,构建一流的科研支撑平台;其次,从有利于提高办学质量与效益、有利于学科交叉优化出发,加强图书馆和信息资源保障体系的建设,满足学科建设对网络和文献信息的需求;最后,加强仪器设备、图书资料的购置论证和使用管理,大型仪器设备优化配置、合理布局,完善共享机制,切实提高利用率和使用效益。

第九,实施人才强校战略,加强学科队伍建设。学术队伍是学科建设的主体,考古学科应加强学科队伍建设,建立灵活、高效、规范的人才引进与培养机制,注重引进和培养相结合,专职和兼职相结合,"不求所有,但求所用"。学科应加大力度,面向海内外招聘高水平学科带头人、学术带头人和学术骨干,支持优秀创新团队建设及青年教师发展,加快建设结构合理、充满活力的学科梯队②。

第十,建立科学高效的学科建设评价体系和评估机制。首

---

① 邬大光:《世界一流大学解读——以美国密歇根大学为例》,《高等教育研究》2010 年第 12 期。

② 罗云等:《世界一流大学学科建设的基本经验及其启示》,《高等理科教育》2006 年第 3 期。

先,建立科学高效的学科建设评价体系和评估机制,规范学科的建设水平评估和建设效益评价,可以为激励重点学科争取更高平台提供发展方向①。其次,推进学科建设运行机制创新,按照学科建设系统性要求,优化学科建设管理运行机制,强化学校对学科建设的宏观调控,明确校、院、中心、有关职能部门以及学科带头人的任务和职责,形成高效、通畅的运行体系,为重点学科建设提供健康宽松的发展环境。

① 朱明:《基于大学排名的世界一流学科评价问题研究》,《研究生教育研究》2012年第1期;赵蓉英等:《2016~2017世界一流大学和一流学科评价与结果分析》,《评价与管理》2016年第3期。

美国名校生与我们的学生有何不同

——从美国宾夕法尼亚大学课程的调查和实践出发

英国《泰晤士报高等教育副刊》(*Times Higher Education*)出炉的 2012～2013 年世界大学排名,世界排名前十的大学有七所在美国,而排名前 50 的高校美国就有三十所,可以说美国是当今世界无可争议的第一教育强国。我们不禁要问这些名校的学生与国内高校学生最大的不同是什么? 又是什么样的原因导致了这种差异? 笔者有幸于 2012～2013 年在美国宾夕法尼亚大学做了为期一年的访问学者,对此进行了一些思考。宾夕法尼亚大学(University of Pennsylvania,以下简称宾大),位于美国东部宾夕法尼亚州的费城市,是世界著名大学排名前十的私立综合性大学,也是八所常青藤盟校之一。宾夕法尼亚大学的艺术、人文、社会科学、建筑与工程教育都处于领先地位,在美国名校中十分具有代表性。

通过旁听以及对部分学生的调查等方式让我详细地了解了宾大的教学资源、课程设计以及课堂的具体情况。再结合自己的国内教学经历，我想对上述两个问题提一点自己的看法，希望从中能汲取一些有益于国内高校课堂教学的经验。

一、国内外高校教学及学生的差异

宾夕法尼亚大学的教育资源是非常丰富的，这些资源不仅包括硬件设施，还包括强大的师资力量，这里有4 500名教授，而全日制本科生和研究生人数大体相当，都在一万人左右，每个学生可以享受到的资源比较多。这一点与国内重点高校的差别还是比较明显的，国内重点高校资源也很丰富，但是由于学生人数庞大，各种资源的人均占有量就非常少了。当然这是国情差异，需要时间去改善。在这里我们不想论及此类问题。本文想谈论的重点主要是教师教学和学生学习。

首先，从课程选择来看，在宾大除了专业必修课外，其他大部分课都是全校公选课，也有很多学生选修了自己专业之外的课程。在我旁听的一门人类学系的 *Pottery and Archaeology* 课程中就有沃顿商学院的学生。这个学生告诉我，老师要求他们至少要选一门人类学或者艺术史的课程，而大部分学生会根据自己的兴趣去选择专业课之外的课程，这样既可以拓展自己视野，也可以感受不同学科的差异；国内高校的学生除了政治和英语外，其他的课程大都是与专业相关的，基本上局限在某一领域中。

其次，从课程数量上看，宾大学生每学期选择的课程不会超过5门，很多学生都选3~4门课程。虽然课程数量不多，但是因为每门课程都有大量的文献要阅读，有各种作业要提交，而且要准备课堂主题发言，将耗费他们大量的课外时间和精力，再加上期中和期末考试，每个学生都非常繁忙。可以说他们一学期根本无法顺利完成超过5门的课程；而国内高校学生每学期的课程要多得多，很多学生最多时会一学期选修10门以上的课程。这样国内的学生大部分时间都消耗在课堂听课上，而课外的时间较少。但因为大部分国内课程没有强制规定阅读文献、日常作业和课堂主题发言，所以学生课外的时间相对轻松。

再次，在宾大的课堂上，教授讲课只是课堂教学的一部分，除此之外还包括三个重要部分。第一个就是每个学生的主题发言，这个类似于国内的报告，发言时间大都在半个小时到一个小时之间。在每个学期初，授课教师就会把与课程相关的主题派发给每个学生，而学生需要花费一定的时间去收集和整理材料，发言结束后，一般会以此为基础提交一篇学科论文。第二个是针对文献资料的学生发言，这个内容基本上类似于文章的述价。每个学生都会被要求从课后阅读文献中选择2~3篇，在课堂上介绍文章的内容、评价作者的写作方法及结论，针对每篇文章的发言时间大致在10分钟左右。最后一部分内容，实际上就是针对主题发言和文献资料发言的讨论，学生和老师都可以自由提问，也可以畅谈自己的想法和感受。这三部分内容对于学生来说都是比较重要的,课堂上的这些表现与期中期末考试以及课程结业论文都是最终成绩的重要组成部分。这里还有一种叫 *Seminar Class* 的研究生课程,一般学生很少,我所参加的 *Silk Road and Empires* 就属于这种课程,基本上讨论部分在整个课程体系中所占的比重将近一半;国内高校的大部分课堂仍然是以教师讲授知识为主导,很少或者没有学生的课堂发言,结课成绩是由学生课堂出席率及期末考试成绩组成,有部分选修课可能需要学生在结课后提交一篇作业。学生在课堂上要做的主要就是听讲和记笔记,因为没有课堂发言,大部分学生也很少阅读老师提供的参考文献。而到学期结束时花点时间来复习知识点就足以应对期末考试。

另外,在宾大校内各种报告数量非常多,这些报告大致分为三种。第一种是每个系的常规专题报告,通常在每学期初就会贴出海报,学生可以根据内容选择自己感兴趣的去听。这种报告主讲人大都是请来的外校教授或博士,当然有时也有本校的教授,一般是每周一次在固定时间固定地点举行。例如宾大人类学系专题报告是在每周一的中午,而艺术史系则安排在每周五的下午。第二种是学期中临时安排的学者讲座,这种报告数量相对较少,时间也并不固定。最后一种是学生的讨论会,基本上是各系研究生组织的,内容比较丰富,既有学生介绍自己的近期学习研究成果,也有就某一专业的主题讨论,还有就是要去参加学术会议并发言的研究生进行报告预演,让其他学生针对发言提出问题和建议。国内高校的学术报告数量也在逐年增加,但以第二种居多,很少有学校有第一种那样的常规专题报告。学术报告中报告人通常选取自己最擅长的领域或者是最新的研究成果作为发言内容,这是扩展学生学术视野的非常有效的途径。国内基本不见第三种的学生讨论会,而这种方式更加自由开放,既可以提出自己的想法,也可以寻求其他同学的帮助。这对学生学习能力的提高是十分有益的。

以上列出了部分宾大和国内高校的一些差别,实际上二者最根本的差异就是,宾大是将学生学习能力和表达能力的锻炼放在首位。这里培养的学生都会读书、会讨论,有很强的提问和发言能力。在宾大,我接触到的学生主要来自东亚系、近东系、人类学系、艺术史系以及沃顿商学院等院系,给我最直观的感觉就是大部分学生都非常自信和健谈。而国内高校虽然也倡导学生能力的培养,但在具体实施上却没有给学生太多锻炼能力的机会,课堂上依然主要是知识的讲授,大部分学生还是在背知识点,在概括、评价和发言能力上都有所欠缺,给人的感觉就是不会提问、不善言辞的学生太多,而且自信心严重不足。

二、学生能力培养的可行性措施

中国和美国的国情存在着很大的差异,一方面是东西方文化传统的不同,另一方面是发展中国家与发达国家国力间的差异。

美国地大物博,但人口却不到中国的四分之一,资源的人均占有量非常高,这在教学资源上体现得也非常明显。美国学生从小就接受各种实践课程,开始能力的培养,例如宾大的考古与人类学博物馆每天都会接待大量中小学学生的集体参观,在参观过程中,老师会和学生们进行互动,这种参观也是他们日常教学所包含的重要内容。虽然我们无法照搬美国模式,但也并不代表我们无法在大学教育中采取措施缩小与世界名校的差距,实际上可以在中国现有国情基础上进行一些教学改革,来达到提高学生能力的目标。

首先,大学教育中可以适当减少课程,我们一直在提倡素质教育,能力培养,但是在具体课程安排上却没有给学生能力培养提供足够的空间。大量的课程导致学生根本没有太多的时间去阅读和实践,也没有时间去思考。同样对于任课老师来说,也无法布置阅读和课堂发言内容,因为你不可能指望一周五天都在课堂上的学生们会利用晚上和周末有限的课余时间去阅读。更何况国内学生还需要花费大量的时间来学习外语。所以我们建议应该尽可能地减少部分课程,让学生有更多的课外时间。减少课程并不代表给学生减压,只是把学生课堂学习的时间转移到了课后。学生有了足够的课外时间,老师就可以让他们多阅读、准备课堂发言等。但是减少课程数量后,保证足够的课后时间将是课堂教学内容改革的一个重要条件。

其次,课堂教学内容要尽可能多样。除了传统的教师讲授之外,课程内容设计还应该加大学生发言和课堂讨论的比重。可布置阅读材料让学生概括内容、分析论证过程和提出问题,整理后在课堂发言。如果是 10 人左右的小班授课,每个人都要准备课堂发言,参与讨论;而如果课堂人数较多,我们可以分组准备发言,一步步改善学生的知识理解能力和语言组织能力,同时分组发言也可以加强学生间的协作沟通。最后要将发言内容整理成论文提交,作为课程成绩的重要组成部分。可能会有人对此产生疑虑,缩短教师讲授时间会不会使学生了解的知识变少呢?我个人认为不会,目前的讲授和考试方式使很多学生在期末之后将一学期的课程内容基本都遗忘殆尽,所以我们只需要让学生记住最核心的知识点,其余的详细内容让学生知道需要的时候去哪里找就可以了,从而把更多的精力放在阅读和发言能力的培养上。

另外,倡导学生在课外积极参与学术讨论。目前在国内一些高校已经存在这样的学生讨论的学术沙龙,经常会邀请老师就某一问题进行专题讨论。这种学术沙龙气氛相对轻松,学生们在提问和讨论过程中可以无拘无束,在这里的收获甚至要比课堂上大得多。广大教师也应该加大对这种沙龙的支持,积极参与其中,这样不仅对学生是一种鼓励,对自身的提高也非常有益。学校也要对这种活动提供更多的支持,可以设置一些小的讨论室,学生学习小组可以申请使用。在宾大的图书馆和一些院系都设置有这样专门的讨论室,我每次经过的时候透过透明的玻璃墙就可以看到三五成群的学生在那里学习讨论。其实这些所有的措施都是希望能够改变传统、单一的课堂讲授方式，而注重学生思考、提问和表达等方面能力的培养。

　　以上是笔者一年来在宾夕法尼亚大学访问学习过程中对中外高校教育差异的一些感受，中国高校的教学改革任重道远，高校学生的素质教育和能力培养也并非一朝一夕可以迅速提升到一个新的阶段。但是我们广大教师应该在点滴中寻求改变，尽自己的绵薄之力在教学中加强对学生的能力培养。当然这更需要学校和政府教育部门的政策支持和大力推广。只有多方面共同努力，中国高校才可能在世界上崛起。而有一天我们的学生把新的学习方式当成一种习惯时，那他们与世界名校学生的差距也就很小了！

课程体系篇

动物考古是做什么的

——兼谈吉林大学考古学本科实验项目

一、动物考古学的定义及其研究目的

（一）动物考古学的定义

动物考古学（Zooarchaeology）或称考古动物学（Archaeozoology）它是由考古学（Archaeology）和动物学（Zoology）相结合而发展起来的一门边缘学科。其研究对象是各个历史时期考古遗址或墓葬内出土的动物骨骼遗存。

动物考古学就是利用动物学的研究方法来解决考古学中的实际问题。通过对这些动物骨骼遗存的研究，可以确知古代居民活动范围内的自然景观和生态环境以及人类行为方面的更多信息，来弥补其他考古材料的不足。作为一名动物考古学工作者首先需要具备坚实的考古学知识，同时还应该掌握动物分类学和动物解剖学的知识。

增
华
集

（二）动物考古学研究的目的

　　自从人类诞生以来，人类为了自身的生存和发展，首先要解决食物问题，最早的食物来源于两个方面：一是采集，二是狩猎。而进入新石器时代人们才开始饲养家畜和农作物的栽培。也就是说，人类从开始出现就与动物结下了不解之缘。不管是旧石器时代遗址还是古代墓葬以及今日的生活区内均可见到动物骨骼遗骸。通过对出土的动物骨骼遗骸的研究，可获得如下几方面的信息。

　　1. 根据动物生活习性的分析，可以恢复和重建当时的古气候和古生态环境。例如对大熊猫和鸵鸟生活习性的分析。

　　2. 对各类动物的最小个体数统计，可以了解当时人们主要的狩猎对象和畜养动物的种类，以及狩猎经济与畜养经济所占的比例关系。

　　3. 根据各种动物所提供的食肉量，进行百分比计算，可以推算出各类动物向人们提供的食肉量是多少[1]。例如：家猪的出肉量为 70%，羊的出肉量为 50%，而动物骨骼能够保存下来的数量约占实际骨骼数量的 40% 左右。

　　4. 对动物骨骼表面存留的人工痕迹观察，可以了解古代居民屠宰技术和加工食物的方法等。例如：左家山遗址出土的动

──────────

　　① 何锟宇等：《浅论动物考古学中两种肉食估算方法——以营盘山遗址出土的动物骨骼为例》，《考古与文物》2009 年第 5 期。

物骨骼表面的关节处,多数有切割痕迹,可以确知当时人们已经熟练掌握了解剖技术;并且还将下颌骨体内的骨髓烤熟后食用①。

5. 对骨骺愈合、牙齿萌出和犄角的上长等方面的研究,可以确定动物的死亡年龄和被屠宰的季节,从而可知人类居住遗址的使用时间(遗址的性质)。例如:赤鹿产仔的时间为 5~6 月份,而 P_1^1 萌出的时间为 2~4 个月,从以上的时间可以判断出动物的死亡季节;此外还有候鸟的发现等。

6. 对墓葬内随葬的家畜动物骨骼的研究,可确知死者生前对财富的占有、劳动的分工以及埋葬习俗等。

7. 通过对遗址内动物骨骼的平面分布研究,可以大致推测出古代居址结构情况。

8. 根据对绝灭种属所占比例的分析,可以判断遗址的相对年代。

9. 根据对骨制品加工过程的研究,可以了解骨器的加工工艺及骨料的使用情况。

10. 可以解决家畜的起源问题。

综上所述,通过对遗址内出土的动物骨骼遗存的研究,可以获得其他考古材料无法得到的诸多人类行为方面的宝贵信息。动物骨骼遗存是难得的重要资料,越来越被考古同仁所

---

① 陈全家:《农安左家山遗址动物骨骼鉴定及痕迹研究》,《青果集——吉林大学考古系建系十周年纪念文集》,北京:知识出版社,1998 年。

重视。

（三）动物考古学与其他学科的关系

它与许多自然学科有着密切的关系，尤其与以下学科的关系
最为密切。

1. 与动物解剖学的关系

动物考古学的研究者必须掌握动物骨骼解剖学的知识，在动
物骨骼鉴定时才能更加准确而规范地对动物骨骼进行客观的描
述和方位的确定。因为各种动物同一部位的骨骼形态特征是不
同的，所以才能区别出不同的种类和个体的数量。这是动物考古
学研究的基础之一。

2. 与动物分类学的关系

动物考古学与动物分类学的关系最为密切，它是动物考古
学研究的基础。通过对动物种属的鉴定和生活习性的分析，可
以确知当时人们生活的地区的古气候、古环境以及狩猎的对
象等。

3. 与埋藏学的关系

埋藏学是专门研究生物死亡、破坏、搬运和埋藏的整个过
程，以及在这个过程中所受到的各种各样因素而发生变化的一
门学科。动物考古学与埋藏学在研究上有些方面是相同的，如
动物的死亡和骨骼的破坏等，二者研究的成果可以相互借鉴和
利用。

二、动物考古学发展简史

早在 19 世纪前叶,欧洲已经开始了动物考古的研究。经过 100 多年的发展,动物考古取得了可喜的成果。特别是十多年来,欧洲和北美已将动物考古的研究推向一个崭新的阶段。

动物考古学真正成为专门的学科则是在 20 世纪 60 年代后期,人们越来越多地认识到破碎骨骼内包含着许多人类行为方面的信息。斯坦林奥尔森(Stanlen Olson)在亚利桑那大学州立博物馆建立了动物考古学实验室,并首次提出动物考古学一词,后又在哈佛大学博物馆建立动物考古学实验室。最值得一提的是 1976 年在法国举行的第九届先史学与原史学国际会议上,正式成立了国际动物考古学会,简称 ICAZ。该机构每隔四年召开一次学术会议,并在法国出版了专门的刊物《动物考古学的研究通讯》(每年四期),促进了国际间的学术交流和学科的发展。

我国的动物考古学的研究与欧美相比起步较晚,在研究上还存在许多差距和空白,但起点的水平还是比较高的。

我国动物考古学的研究开始于 1936 年,自德日进、杨钟键发表《安阳殷墟之哺乳动物群》到现在已经有 60 多年历史了,从研究上来看大体可以分为两个大的发展阶段。

（一）第一阶段（20 世纪 20~70 年代）

新中国成立前动物考古学的研究处于停滞的状态，真正的开展还是新中国成立后，这个时期的代表作是中国科学院古脊椎动物与古人类研究所的李有恒、韩德芬写的《陕西西安半坡新石器时代遗址中之兽类骨骼》，这篇研究报告在编写体例、观察问题的角度上都是新中国动物考古学的一个开端，迄今为止动物考古学研究在某些方面还没有完全突破这个框架。在这个阶段里共发表了十几篇动物骨骼研究报告，归纳起来可以分为两大类：一类以半坡的动物骨骼研究报告为代表，除了鉴定种属外，还对当时的自然环境以及人类活动进行了一些探讨。另一类仅仅是单纯的对动物骨骼做种属鉴定。这两个类别的研究报告一直延续至今。

这一阶段动物考古研究的总体特点有以下几方面：

1. 研究的起点比较高，但存在着差距。

2. 考古学界对动物考古学不够重视，以致其一直处于从属地位（认为是自然遗存）。

3. 动物考古学的研究工作由古生物学家来承担。

4. 对动物骨骼材料的收集和研究缺乏科学性。

5. 大部分动物骨骼收集了而不去进行研究。

6. 有的动物骨骼根本不做收集。

（二）第二阶段（20世纪80年代以来）

该阶段较前段有了较大的发展，这个时期最突出的特点有两个方面：一是将国外的动物考古学的研究目的和方法介绍给我国动物考古学界，对认识当今世界动物考古学界研究的动向起到了积极的宣传作用，促进了动物考古学的发展。二是在人员的培养上，采用了走出去和请进来的方法，培养了一批人才。

走出去后的回国者，最有影响的代表人物有两位：一位是中国科学院古脊椎动物与古人类研究所的祁国琴女士，她是留美回国学者，代表作是《动物考古学所要研究和解决的问题》。这篇文章就研究内容及材料的处理方法提出了9点认识，是一篇比较全面的介绍欧美动物考古学研究现状的文章，在与世界动物考古学研究方法的接轨上走出了有意义的第一步。另一位是中国社会科学院考古研究所的袁靖先生，他是留日回国学者，翻译了很多影响很大的日本动物考古学的研究文章，其代表作是《关于动物考古学研究的几个问题》。这是一篇全面介绍动物考古学研究方法的文章，也是日本动物考古学最高水平的研究方法，他对中国动物考古学向着更高层次的发展起到了推动作用。

请进来，就是将国外专家请来讲学培训。1992年，美国科学院美中学术交流委员会同中国科学院古脊椎动物与古人类研究所联合举办了中美田野考古学校，邀请了美国加利福尼亚大学圣·克鲁斯分校的吉黛纳博士讲授动物考古学。国内各省所和各大学都有人员参加,有些学员正从事着该项研究工作。

在实验考古方面也取得了可喜的成就,以北大的吕遵谔和黄蕴平先生合著的《大型食肉哺乳动物啃咬骨骼和敲骨取髓破碎骨片的特征》为代表,该项实验研究具有国际领先地位。

该阶段的研究成果比较突出,出版了专著《浙江余姚河姆渡新石器时代遗址动物群》,除此之外,还发表了数篇发掘研究报告和理论方法的研究报告,为动物考古学的深入研究打下了坚实的基础。

这个阶段总体特征表现在以下几方面:

1. 在培养人才上采用了走出去和请进来的方法,培养壮大了动物考古学的队伍。

2. 将国外动物考古学的研究手段和方法介绍到我国,对我国动物考古学的发展起到了促进作用。

3. 实验考古学的应用,使动物考古学的研究取得了可喜的收获。

4. 对人类行为方面的研究更加广泛。

5. 除了动物学家进行研究外,考古学者也涉及了该领域的研究,并有了新的突破。

6. 对动物骨骼遗存的收集和研究得到了考古工作者普遍的重视。

7. 在该阶段也存在着以下几方面的不足:

（1）对动物骨骼遗存收集不全（应采用筛选法），无坐标，记录也不详细，阻碍了该项工作的深入研究，丢失了很多信息。

（2）有些报告还是仅做动物种属的鉴定。

（3）从事该项研究工作的人员非常短缺。

（4）有些人对动物骨骼遗存研究的重要性认识不足。

（5）对出土动物骨骼遗存的保管缺乏科学性，人为破坏严重，给研究工作造成了困难。

三、吉林大学考古学科动物考古研究方向的发展及现状

（一）吉林大学考古学科发展简史

吉林大学考古学科的教学科研活动肇始于 20 世纪 50 年代中期。1972 年，吉林大学正式设立考古学专业，张忠培教授为专业负责人。1973 年开始招收本科生。1981 年，考古学科成为国务院学位委员会颁布的第一批博士学位授权点。1983 年，于省吾教授、金景芳教授与张忠培教授筹划创建了古籍研究所，为在全国高等学校古籍整理研究工作委员会（"古委会"）直接领导下的重点研究所。1985 年 5 月增设博物馆学专业，开始招收本科生。1986 年，成立了吉林大学中国北方考古研究室。1987 年，考古学系成立，与古籍研究所合署办公。1995 年，考古学及博物

馆学专业入选国家基础学科人才培养和科学研究历史学基地。1998 年,获得历史学一级学科博士学位授权点,并入选国家基础科学人才培养基金特殊学科点。1999 年,以北方考古研究室为基础组建边疆考古研究中心。2000 年,边疆考古研究中心被批准成为教育部人文社会科学重点研究基地,并获得历史学博士后科研流动站,考古学科被列入国家"211 工程"学科建设项目。2001 年,考古学系并入文学院。2005 年,依托考古学科建立的"中国边疆史地创新基地"被确定为国家"985 工程"哲学社会科学创新基地。2007 年,考古学及博物馆学被增补为国家重点学科。2010 年,吉林大学文化遗产保护研究中心成立。2012 年,吉林大学考古学科在教育部学科评估中名列全国第 2 位。同年,古籍研究所组建校级重点研究基地"中国古文字研究中心"。2013 年,体质人类学与分子考古学国家文物局重点科研基地成立。2014 年,古籍研究所中国古文字研究中心成为国家"2011 计划"出土文献与中国古代文明研究协同创新中心的核心协同单位。同年,高句丽渤海研究中心成立,并与文化遗产保护研究中心一起被批准为吉林省人文社会科学重点研究基地。2015 年,高句丽渤海研究中心入选吉林省特色新型高校智库。2017 年,吉林大学考古学科入选国家"世界一流大学"A 类高校"一流学科"建设名单。2018 年,吉林大学决定整合原文学院考古系、博物馆系、边疆考古研究中心、古籍研究所成立考古学院。

吉林大学考古学实验教学中心成立于 1999 年,下设田野考古教研室和人类学、考古 DNA、动物考古、环境考古、石器分析、文物应用技术、考古多媒体影像处理 7 个实验室,主要承担考古学与博物馆学专业本科生的田野考古实践教学与室内实验教学任务。共有实验用房 22 间,面积 1 160 平方米。主要仪器设备近300 台(件),总价值近 700 万元。独立建制的吉林大学考古与艺术博物馆也是从事实验教学的重要场所。

(二)吉林大学动物考古研究方向的发展及现状

吉林大学考古学科通过搭建新的实验教学平台,开拓新的实验教学领域,逐渐健全了野外实践教学和室内实验教学两大课程系列,形成了有吉大特色的实验教学内容,充分发挥了实验教学在各层次人才培养中的主导作用,从而实现了吉林大学考古学及博物馆学专业实验教学建设的跨越式发展。动物考古研究方向无论在现生可对比标本的积累,还是在考古遗址出土动物遗存的获取上,在这一时期都获得较大的发展。

1. 现生动物骨骼标本

动物考古实验室现有现生标本主要包括哺乳类、鸟类、鱼类及软体动物个体近千件(套),主要包括:

(1)哺乳动物骨骼标本有处于不同年龄阶段及雌雄性的梅花鹿、马鹿、马、驴、骡、骆驼、黄牛、水牛、家猪、野猪、狍子、绵羊、山羊、野兔、犬科、家猫等。

（2）鸟类骨骼标本有鸡、鸭、鹅。

（3）软体动物的贝壳有 60 余种。

（4）鱼类骨骼标本有鲫鱼、鲶鱼、鳙鱼、草鱼、青鱼等。

2. 古代动物骨骼标本

（1）2005 年,对内蒙古清水河西岔遗址出土的动物骨骼标本进行了全部收集,共计 19 717 余件,家畜有马、牛、羊、猪、狗等,野生动物有狼、熊、鹿、獾、狐狸等。

（2）2005 年,收集了内蒙古凉城板城墓地出土的动物骨骼标本,经鉴定有动物头骨 168 具(羊、马、猪、狗、牛)和其他部位的骨骼共计 400 余件。

（3）2006 年 10 月,对河北唐县南放水遗址出土的动物骨骼标本进行了全部收集,共计 2 250 件,经鉴定的动物种类有马、牛、羊、猪、狗、鹿和獾等。

（4）2006 年 7 月,对内蒙古林西县井沟子西区墓葬出土的动物骨骼进行了部分收集,共计 2 000 多件。

（5）2007 年 5 月,对河北邯郸薛庄遗址出土的动物遗存进行了全部收集,共计 8 000 多件。

（6）2007 年 6 月,对内蒙古包头市燕家梁遗址出土的动物骨骼进行了全部收集,共计 4 万多件。

（7）2011～2015 年,对吉林大安后套木嘎遗址出土的动物骨骼进行了全部收集,共计近十万件。

（8）2011～2013 年,对内蒙古自治区通辽哈民忙哈遗址出土的动物骨骼进行了全部收集,共计数千件。

（9）2013~2015 年及 2018 年,对吉林乾安辽代春捺钵遗址出土的动物骨骼进行了全面收集,共计近千件。

（10）2015、2017~2018 年,分别对吉林省农安县左家山遗址及五台山遗址发掘出土的动物骨骼进行了全面收集,共计数千件。

（11）2016 年,对黑龙江省红河遗址出土的动物遗存进行了全面收集。

四、本科创新项目在吉林大学考古学科动物考古方向的应用和作用

（一）本科创新项目类型及简介

吉林大学考古学科涉及的本科创新项目因侧重点不同,主要分为两类:

1. 开放性创新实验项目

为了充分发挥学校实验仪器设备的资源优势,调动教师培养学生创新能力的积极性,创造本科生接受大师熏陶的机会,促进学生了解先进科学技术与研究方法,进而培养创新精神和创新能力,自 2013 年起,吉林大学开展了开放性创新实验项目,主要面向本科生 1~3 年级。

申报的实验项目属于实验室开放实验。创新实验项目使学生根据课题基本要求在教师的指导下自主完成,包括自主设计实验方案、自主获得实验数据、自主分析实验结果、自主管理实验过程、自主撰写实验报告。

2. 大学生创新性实验计划项目

根据《教育部、财政部关于批准第一批大学生创新性实验计划项目的通知》(教高函〔2007〕15 号文件)精神,吉林大学被批准为第一批开展国家"大学生创新性实验计划项目"的学校之一。为顺利开展国家大学生创新性实验计划,吉林大学在"本科生研究机会计划"的基础上,实施"大学生创新性实验计划"(后更名为"大学生创新创业训练计划")。

要求申请者品学兼优,有较强的独立思考能力和创新意识,对科学研究、科技活动或社会实践有浓厚的兴趣,具备从事科学研究的基本素质和能力。

(1) 项目的目的与任务

计划的实施,旨在探索并建立以问题和课题为核心的教学模式,倡导以本科学生为主体的创新性实验改革,调动学生的主动性、积极性和创造性,激发学生的创新思维和创新意识,逐渐掌握思考问题、解决问题的方法、提高其创新实践的能力。

通过开展实施计划,带动广大学生在本科阶段得到科学研究与发明创造的训练,改变目前高等教育培养过程中实践教学环节薄弱、学生动手能力不强的现状,改变灌输式的教学方法,推广研究性学习和个性化培养的教学方式,形成创新教育的氛围,建设创新文化,进一步推动高等教育教学改革,提高教学质量。

（2）实施原则

第一,兴趣驱动。参与计划的学生要对科学研究或创造发明有浓厚兴趣。在兴趣驱动下,在导师指导下完成实验过程。

第二,自主实验。参与计划的学生要自主设计实验、完成实验、管理实验。

第三,重在过程。注重创新性实验项目的实施过程,强调项目实施过程中学生在创新思维和创新实践方面的收获。

（3）计划内容

计划由学生创新性实验项目和学校创新性实验计划组成。其中,学生创新性实验项目是本科学生个人或创新团队,在导师的指导下,自主进行研究性学习,自主进行实验方法的设计、组织设备和材料、实施实验、分析处理数据、撰写总结报告等工作。学校创新性实验计划包括学生创新性实验项目和对其项目的管理。

（4）选题范围及周期

第一,综合性、设计性实验教学中延伸出值得进一步深入研究的课题;

第二,教师科研项目中可由学生独立开展研究的部分;

第三,由学生自主设立与专业学习或实际生活相关的课题;

第四,课题难易度应适合学生在教师指导下能独立完成

为宜;

第五,课题的工作量能够在一至三年的课余时间(含假期)内完成。

(二) 本科创新项目在动物考古方向的作用和意义

吉林大学考古学及文物与博物馆学专业的动物考古学课程主要开设在大学一年级下半学期。动物考古课程是考古专业本科生必修的学科基础课,也是文物与博物馆学专业的选修课。本课程是利用动物解剖学和动物分类学的研究方法,以遗址和墓葬内出土的动物骨骼遗存为研究对象,探讨人对动物和动物骨骼资源的开发和利用,以及当时的古气候和古环境。通过本课程的学习使学生能够达到对遗址内出土的动物遗存进行初步的整理,掌握遗址内出土动物遗存的科学搜集方法、骨骼各部位名称和方位、常见动物骨骼的种属鉴定方法等。本课程课时为 64 学时,实验学时占到总课时的一半,可见此课程为课堂理论学习及实验室实际操作并行的一门课。

动物考古学课程需要学生有较强的动手能力,主要体现在学生对于哺乳动物解剖学部位确定、种属鉴定及死亡年龄鉴定等理论与方法的掌握上,很大程度上需要学生花费大量课余时间来反复不停地练习,以初步掌握上述能力。通过半个学期的学习,学生们能够在短时间内初步掌握基本的解剖学部位、种属及死亡年龄的鉴定能力,这也使得学生们在心理上获得极大的满足感,也能提高学生们对于动物考古学学习的热情和兴趣,因此,大一、大二的学生提交以动物考古为主题的大学生创新实验项目以及动物考古的开放性创新实验项目人数较多。

以 2014 年至 2018 年这五年为例,吉林大学考古学科共有 25 组近 60 人次的本科生参加了动物考古的开放性创新实验项目,项目指导教师会根据目前所负责的科研项目有计划、有针对性地引导学生对正在进行整理的动物骨骼遗存进行实验,这样既兼顾了任课教师科研项目的顺利运行,又保证了学生实验项目所需动物骨骼材料的供应,达到一个双赢的局面。另外,根据 2014~2018 年吉林大学考古学科动物考古方向大学生创新性实验项目统计表来看,这五年共有 8 个项目涉及 35 人,申请人主要集中于大一及大二等低年级学生,2017 年申请的人数更是达到当年该年级总学生数的 23.3%;共有两项入选国家级项目,其余为校级项目;从表 1 来看,这些项目基本均对应指导教师主持或参与的科研项目,例如科技部国家科技基础性工作专项重点项目、国家社科基金重大项目、教育部人文社会科学重点研究基地重大项目等,这一方面让本科学生做了相关研究,另一方面也让学生进一步了解科研项目是如何运行的,既开展了研究,锻炼了自己的动手能力,又开阔了眼界,增长了学术阅历;特别值得一提的是,有两个大学生创新性实验项目组正式发表了研究论文,如张雅平等发表在《科技考古与文物保护技术》（第一辑，2018 年出版）上的题为《吉林乾安春捺钵遗址后鸣字区 2015 年出土动物骨骼研究》、任禹莹等发表在《第十六届中国古脊椎动物学学术年会论文集》上的题为《宁夏水洞沟遗址 2011 年采集的鸵鸟蛋皮串珠研究》，这对于增强学生的科研信心具有极为重要的作用。

表 1　吉林大学考古学科动物考古方向大学生
创新性实验项目一览表（2014～2018 年）

年份	题　　目	申请人年级	课题组人数	项目级别	所对应的科研项目
2014	后套木嘎遗址出土新石器时代动物骨骼表面痕迹研究	大二	4	校级	2015 年度国家社科基金重大项目"吉林大安后套木嘎遗址的发掘与综合研究"（15ZDB55）
2015	后套木嘎遗址新石器时代文化层出土鱼骨遗存研究	大二	5	校级	2015 年度国家社科基金重大项目"吉林大安后套木嘎遗址的发掘与综合研究"（15ZDB55）
2016	吉林乾安辽代春捺钵遗址后鸣字区 2015 年度出土动物骨骼研究	大二	4	国家级	2014 年度教育部人文社会科学重点研究基地重大项目"春捺钵遗址及相关考古遗存研究"（14JJD780002）
	骨器的微痕研究及模拟实验——以吉林大安后套木嘎遗址（2011～2012）出土的骨锥为例	大一	4	校级	2015 年度国家社科基金重大项目"吉林大安后套木嘎遗址的发掘与综合研究"（15ZDB55）

年份	题　　目	申请人年级	课题组人数	项目级别	所对应的科研项目
2017	楼兰古城三间房遗址动物骨骼研究	大二	4	校级	科技部国家科技基础性工作专项重点项目"罗布泊地区自然与文化遗产综合科学考察"（2014FY210500）
	新疆吐鲁番加依墓地2014年出土动物骨骼研究	大二	5	校级	2011年国家社科基金重大项目"汉民族形成过程的生物考古学考察"（11&ZD182）
	吉林大安后套木嘎遗址2013年AIG1出土动物骨骼研究	大二	5	校级	2015年度国家社科基金重大项目"吉林大安后套木嘎遗址的发掘与综合研究"（15ZDB55）
2018	宁夏水洞沟遗址2011年发现的鸵鸟蛋皮串珠研究	大二	4	国家级	科技部国家科技基础性工作专项重点项目（2007FY110200）

四、结　　语

2015年10月24日,国务院印发了《统筹推进世界一流大学和一流学科建设总体方案》（以下简称《方案》),其中提及:建设世界一流大学和一流学科对于提升我国教育发展水平、增强国家核心竞争力、奠定长远发展基础,具有十分重要的意义。《方案》

指出,在坚持以一流为目标、以学科为基础、以绩效为杠杆和以改革为动力的前提下,通过建设一流师资队伍、培养拔尖创新人才、提高科学研究水平和着力推进成果转化等措施,实现以下总体目标:到 2020 年,若干所大学和一批学科进入世界一流行列,若干学科进入世界一流学科前列;到 2030 年,更多的大学和学科进入世界一流行列,若干所大学进入世界一流大学前列,一批学科进入世界一流学科前列,高等教育整体实力显著提升;到本世纪中叶,一流大学和一流学科的数量和实力进入世界前列,基本建成高等教育强国。

2017 年,吉林大学考古学科入选国家"世界一流大学"A 类高校"一流学科"建设名单。在这样一个"双一流"学科积极推进建设的背景下,考古学科本科生的学术能力的培养是"双一流"学科建设的关键,也是提高实践教学和科学研究试验的重要目的和意义,特别是要利用好大学生创新型实验项目及校内开放性创新实验项目。

1. 在本科生实践教学过程中,指导教师应特别注重理论知识传授与实践能力培养相结合。以动物考古学课程为例,在理论讲授的同时,利用考古学实验教学中心动物考古实验室内的现生动物标本及考古遗址内出土动物骨骼,从动物骨骼解剖学部位的辨识、动物种属鉴定到死亡年龄的判定,这一整套流程由学生分组独立完成。这不仅有利于培养学生的动手实践能力,也有利于学生了解科学研究的整个过程。

2. 本科生申请相关研究主题的创新性实验项目时，应更加注重学生自主学习能力的培养，通常采用课题组讨论课（Seminar）的形式。就本课题组的选题，学生在课下搜集、阅读和整理文献资料，之后在讨论课上进行论述，讲解完成后指导教师再引导学生进行讨论。这种实验项目可以使学生们能够更为主动地进行研究性学习、培养科学批判性思考的能力。

3. 最大限度地鼓励学生利用实验室内的实验设备。在充分信任实验者的基础上，培养学生自己动手的能力。对于新手，可以安排熟练使用设备的学生进行指导，例如实验室内的体视显微镜等。

4. 注重提高本科学生的英文交流能力和国际化水平，鼓励学生立足于自己的实验项目成果参加国内外学术会议或论坛，勇于以报告或海报的形式发表自己的研究成果。

综上所述，本科学生创新性实验项目的充分利用应紧紧围绕着考古学科"双一流"建设目标，让学生在理论课程学习的同时，能够积极地申请各种创新性实验项目，培养学生的动手能力，充分提高学生的研究创新能力。借助考古学实验教学中心及创新性实验项目，切实提高学生的各种能力，使高校培养的人才具有较高的动手能力和学术水平，进一步推动考古学科的"双一流"建设。

探寻、发现、感悟

——体质人类学课程教学的思考

　　体质人类学是一门交叉学科,其核心的研究内容,是人类的体质类型、特征在时间、空间上的变化及其规律。具体到考古学研究领域,其所面对的主要研究对象,是在考古发掘过程中获取的古代人类遗骸。作为一种特殊的遗物,遗骸能够为了解古代文化的创造者提供最直接的信息。在对古代人类遗骸基础信息获取和分析过程中,所涉及的基础知识和应用手段非常繁复。既包括了在认知阶段必需的人体解剖学、生理学、病理学、骨化学和遗传学基础知识,也包括在分析阶段必要的考古学、民族学研究方法和统计学手段。

　　目前在国内高等院校开设该门课程的考古学专业,多将该课程设立为一门相对独立的基础课程或者选修课程。所讲授的内容多数以人体骨学为重点。面对如此繁多的学科门类、迥然不同的研究方法和科研理念,如何在有限的学时中让学生尽可能多地了解必要的基础知识和研究方法,培养科研兴趣与科研能力,进而在考古学田野实践和博物馆陈列设计等实践应用中学以致用，是目前该课程教学的难点。

自 2001 年以来，我一直为吉林大学考古学院的本科生讲授该门课程。在教学过程中，一直没有中断过对以上问题的思考和实践。我觉得在该门课程的讲授过程中，探寻、发现与感悟，可以作为三个相互关联的认知阶段，贯穿于整个教学过程。在每个阶段中，教学内容和侧重点都略有不同，但最终都会殊途同归，达到实用型和学术型人才综合培养的教学目的。

一、探寻阶段——现象、过程、目标

首先，是探寻阶段。这一阶段往往是教学过程的开始。在该阶段，兴趣的培养是最主要的着力点。从表面上看，该门课程与其他的通识课程关联性并不紧密。学生在最初往往是以零起点的状态接触到以人类遗骸为主要研究对象的体质人类学课程。探寻过程，是一个从无到有的过程。所谓探寻，必然要具备现象、过程和目标这样几个要素。

所谓现象，是指不同维度的事实呈现。具体而言，包括人体基本形态、性别年龄差异、病理现象、创伤现象等可见信息和人群所处的时代、社会发展阶段、自然地理环境等伴生信息。对这些基础信息的认知，应用到的是基础知识。实物教具展示和单个现场案例分析,是这一阶段最常用的教学手段。比如涉及古人类学的讲解,在这一阶段,通过对人类发展各个阶段体现在骨骼形态学和解剖学上差异的展示,可以给学生最直接的印象——在人类发展的不同阶段,世界各地的古代人类标本,在共性上是普遍展现了与其他高等灵长类动物的差异性,在他们之间,也呈现出了不同的形态。吻部的缩窄、枕骨大孔位置的下移、上下肢形态分化、口腔解剖结构的变化等,都是可以在标本上直接观察到的明显特征。这种以观察对比建立起来的直观印象,就是最基础的可传递信息。又比如在形态学中最基础的两性形态差异和骨骼的年龄性变化。对比展示两性标本和不同年龄段的标本,也是最直观的教学手段。现象的呈现,犹如原貌记录或者恢复一个"案发现场"。耐心细致的观察和科学完整的记录,是这一阶段该着重培养的能力。

过程,即指信息采集记录的过程。过程是一个渐进的发展阶段,所带来的是由浅入深的认知水平提高。从现场能够采集到的信息量非常庞杂。引导学生按照一个起点到终点的过程有序地进行采集,并建立完整的工作流程,是教学中的一个关键点。以人类遗骸的最常见的载体——墓葬为例:从整体信息采集量来看,遗骸仅仅是墓葬中遗物的一个部分。但墓葬的营造、随葬品的种类数量和摆放方式,又无一不是围绕着遗骸本身来进行的。以此为前提,墓葬的解读顺序就可以解构为人——场所——其他器物。那么有关于"人"的基本信息,就是这个过程的起点。当然，对复杂情况的认知可以有非常多的架构方式。但无论采取哪一种方式，以事实为一个整体来进行信息采集的理念都十分必要。目标，是指在为学生解读了学科基本理念和研究方法之后，对研究最终目的的总结。在具体实践中，可分为阶段性目标和理论目标两种，代表着不同研究阶段的研究目的。阶段性目标需要具体和细致，在最终的测试阶段，阶段性目标也是最主要的得分点。比如性别判定标准教学的阶段性目标，就是根据标本保存情况采用适用的方法得出可验证的科学结论。也可以将其理解为标准的建立。标准的建立往往是没有个性可言的。而理论目标，视研究内容的不同，可能存在很大的差异。我所理解的现阶段理论目标，是在人、自然环境和文化三者之间，寻找其中相互作用的必然联系。也就是不将体质人类学作为一个单一学科得出单一视角的阶段性结论，而应该站在更高的学科视角，将考古学、历史地理学、民族学等学科的研究结论加以整合。这也要求在这一阶段，尽可能多地向学生展示不同学科视角对相同材料的解读方式。比如同一块骨骼，既可以通过其形态判定其在人体的哪个具体部位，也可以测试其化学构成，如果保存状况适合，还可以测定该个体的 DNA 结构。如果其上还有保存下来的病理和创伤现象，又可以据此来推测一些当时的人类行为等。

综上，根据设定的研究目标，依照发现来选择合适的研究过程，是探寻阶段的核心内容。在这一阶段，更多的是技能的传授。培养的重点，是"怎么做"。而"为什么这样做"是下一个阶段应该思考的问题。

二、发现阶段——理论、质疑、体验

　　发现阶段，是培养"应用型人才"和"研究型人才"的分界点，也是体现不同教育阶段和培养目标的关键阶段。通过探寻阶段的训练，学生已经可以基本掌握将实物材料信息化的理念和技能。这一教学阶段的核心内容，从理论层面自上而下地向实物信息靠拢，将二者合二为一。

　　绝大多数的理论是在理念基础上通过实践整合而成的。学科中被广泛接受的理论，必须经过数代研究者不断实践的检验。理论的学习对本科阶段的学生而言，往往是枯燥乏味的。究其原因，是其与本科生面对和需要解决的问题尚有一定差距。广泛阅读高水平文献，是学习理论的有效方式。但对于本科阶段的学生来说，缺乏对理论和观点正确度的甄别能力，是一个广泛存在的问题。而这一问题，仅仅依靠课堂教学并不能得到根本解决。例如：关于人类起源和现代人起源的模式，目前在学术界仍然存在很大的争议。对这一问题的教学，即使学生广泛阅读了文献，了解了尽可能多的发现，也必然会觉得每个研究者的结论，都有可采信的论据。以文字作为载体的学习过程，不可能有更多的代入感。所以，在学习理论的过程中，虽然必须有更高视角的接受度，但选择一些更具有代表性的基础理论作为重点来学习,可能会有更好的效果。比如对"进化论"的解读,选择《物种起源》作为基础读物,可能效果会更好。

在从"接受型"学习模式到"思考型"学习模式的转变过程中,"质疑"是一个必要经历的阶段。但在以往的教学过程中,我也发现,当提倡学生大胆质疑之后,有很高概率出现为了质疑而质疑的现象。还是以《物种起源》一书为例:在该书中的确有一些观点,在后续研究中没有得到进一步的验证。但瑕不掩瑜,该书所提出的物竞天择、适者生存等理念,仍是具有普遍实用意义的解释模式。

体验,是正确建立科学思维的最有效手段。体验训练的进行,需要教学双方建立良好的互动模式。体验理论的建立过程,有效的手段是回归到理论建立之初所面对的基础材料。这种训练仅通过教师讲授进行传输,效果往往并不理想。如同数学定理的推演和证明一样,人类学的理论建立,也应该回归到材料本身。当然,在本科教学阶段,能够通过实物教具传递的理论并不多,但一些最基础的理论建立过程,仍有再现的可能。比如古代人群因为安土重迁,对所生存的环境有依赖性。这就造成了人群的流动性弱,在一定的时间之内,基因库存在相对稳定的状态。久而久之,人群就会形成可区别于其他人群的遗传特征。这种特征,在骨骼形态上,尤其是颅骨形态上就会有所体现。这一理论,通过对颅骨形态数据的采集,可以在数据层面上得到证明。创造这样的实验教学条件,实施这一实验过程,远比仅以文字为载体进行讲授会收到更好的教学效果。

体验,是质疑和验证现有理论的前提。无论对现有理论的认知程度如何,体验都是接受或者扬弃必须经过的阶段。引导学生就一个具体问题展开体验,是培养学生主动性的有效手段。比如在传统的"人种学"教学过程中,学生通过阅读文献,发现目前对"人种"这一概念的认知存在很多种质疑的声音,甚至有"人种学的消亡"这样的一种说法。如果不从时代特征、研究目的等方面对这一认知进行解释和说明,那么涉及这一部分的教学,就会使学生产生误解。此时,生物分类学的基本原理和标准,就应该作为教学内容的一个必要补充作重点讲解。生物人类学和文化人类学不同视角下的研究目标,也可以通过这个问题来厘清。这样的厘清过程,也是发现过程的一个阶段目标。

在掌握了基础材料信息采集和前人理论的传输与实践之后,重建个性的认知问题,就自然而然提上了教学的日程。

三、感悟阶段——解释、联系、重建

在完成了技能和思维培训之后,在前人的基础上建立个性的认知体系,对所做所学有所感悟,是本科教学中一个相对高的学习要求。这一阶段我将其称为感悟阶段。这也是充分了解了学

科基础内容之后,结合自身条件,决定是否继续该学术方向的一
个节点。这一阶段本应是研究生阶段的一个主要教学目标。但
在本科教学中,开始引导学生对基本材料进行解释,寻找不同层
面信息的内部联系,重建相对完整的信息链,对学生将来的从业
准备,无疑是有益的。感悟本身,也是一种在掌握了基本技能之
后的自主自发行为。将这一行为进行引导和规范,将对学生养成
科学思维形成强大的助推力。

对同一材料的解释可以分为不同的维度。比如:一个合葬
墓中,埋葬有两个个体。对这一现象的解释就可以有很多层面。
从社会学角度来看,这是一种约定俗成的埋葬习俗。通过性别和
死亡年龄的判断结果,可以得知两个个体的性别和死亡年龄。通
过考古学发掘的现场结论可以得知二者是否同时下葬;据此分析
同时或者不同时下葬的原因,进而推测是否存在殉葬或者陪葬的
可能性。古代 DNA 测试结果可以得知二者是否具有亲缘关系。
地球化学的测试结果可以得知每个个体是否原来即存在于这个
人群之中。对随葬品的分析可以对死者的身份地位进行进一步
的推测等。

在探寻和发现阶段所积累的基础知识、实践技能和理论体
系,将在感悟阶段得到进一步的应用和升华。从更广阔的学科视
角和研究理念出发,发现新的问题,或者对已有问题重新进行审
视梳理,寻找每个信息与其他信息之间的联系,体会发现的喜悦,
是这一教学阶段所能够达到的最佳教学结果。

　　在这一教学阶段,仍从本学科的视角出发,已经远不能达到学生所需。经过实践的验证,以一个具体的课题贯穿教学过程,是行之有效的教学方法。所涉及的课题,可以是已经做过充分研究、得到阶段性结论的材料,也可以是一批全新的材料。引导学生从基础材料开始做起,进而完成信息采集、信息汇总分析、参考文献准备和筛选、发现问题、选择适当方法到解决问题的整个过程。

　　当然,对于本科阶段的此类训练,材料的遴选要符合该阶段学习的特点。比如在数量上不宜多,保存情况上应该尽量完整。背景材料应该清晰且少争议,可参考资料要完备等。

　　以一个墓葬出土的一个完整人类遗骸标本为例,考古学背景资料应该提供地域、年代、考古学文化属性等基本信息。相关的其他测试结果,比如食谱分析、古代 DNA 分析等应该尽量完备。在此基础上,重建的目标也应该尽量具体,比如仅仅重建该个体死亡前的一段历史。这样既可以保证重建过程的流畅,也可以尽可能地从多维度视角对信息加以整合。

　　以上的三个学习阶段,也可以概括为：学有所得,学有所思,学有所悟。具体到教学过程中,对不同的教学内容,也有不同的侧重。在具体实施过程中,我通常会将其按照 5∶3∶2 的比例来划分。但在每次的教学实践过程中,也总会出现各种各样的问题。最主要的问题是,体质人类学课程所涉及的基础知识体量非常大,在探寻阶段即使分配了尽可能多的课时,仍不足以将每个知识点展开讲解。实验课时因为单次参与学生数量多而难以有很好的教学效果等。通过不断的实践,我觉得可以从以下几个方面入手提高整体的教学效果。

一、在教学过程开始之初,开列详细的参考书单和参考资料目录。并在与学生充分沟通的前提下,分阶段分小组对不同阶段的参考书目进行阶段性讨论。

二、在保证科研计划和秩序的前提下,尽可能多地定期开放实物标本库房和整理室、研究室,聘请助教在教学过程中辅助对学生基础知识的培养。

三、鼓励学生参与各级各类教学科研项目的申报和实施。根据学生兴趣与实际条件在科研工作中培养学生的兴趣与能力。

四、以选修课或者系列讲座的方式,弥补因为课时限制不能展开讲解的科学问题。

教学方式是需要改革的

——以动物考古学专业研究生课程为例

　　动物考古学最早形成于 19 世纪前半叶的欧洲,经过 100 多年的发展,动物考古学已经建立起自己的研究目标、方法和理论,并在世界各地发展起来。中国的动物考古学研究开始于 20 世纪 30 年代①。1936 年,德日进、杨钟健发表的《安阳殷墟之哺乳动物群》②,拉开了中国动物考古研究的序幕。尽管由于各种原因,我们的动物考古在以后几十年间没有多少进展。但是从 20 世纪 50 年代末以来,随着动物考古材料的不断增多以及与国外学者的交流愈发频繁,我国的动物考古学获得了较大发展。动物考古学作为一门通过研究动物骨骼组合来探讨古人类行为的科学,正在日益发挥出积极的作用。然而,与目前蓬勃发展的世界动物考古学相比,我国动物考古学无论是在教学方式上还是在具体研究

---

　　①　袁靖:《动物考古学研究的新发现与新进展》,《考古》2004 年第 7 期。
　　②　德日进、杨钟健:《安阳殷墟之哺乳动物群》,《中国古生物志》丙种第十二号,1936 年。

实践上都还很薄弱，存在许多差距和一些空白。一方面，国家和社会需要高素质的动物考古研究人才，而另一方面目前高校培养出来的动物考古专业学生由于缺乏对国际动物考古学研究发展趋势与走向的把握而很难适应工作岗位的需求，解决这一矛盾在一定程度上还要依赖于研究生教学方式改革的不断深化。

高质量的研究生课程既是培养高层次人才的重要环节，也是一所大学开展优秀科学研究的基础和前提，进行学术创新的重要阵地和展现渠道。在努力创建世界一流大学的过程中，为了进一步推进研究生课程教学体系的改革、提高研究生培养质量，基于总结我国高校动物考古学研究生课程教学方式的现状与经验，思考如何进一步拓展这门学科的教学方式，本文以高校动物考古学专业研究生课程为研究对象，着重探索通过教学方式改革的方法推动研究生课程建设与创新的新途径。

一、动物考古学专业研究生课程教学
方式的现状及必要性

动物考古学又称"骨骼考古学""考古动物学"，它是一门研究古代遗址出土动物遗存的学科，揭示古代人们选择食物、狩猎、饲养家禽家畜等方面的经济生活和文化生活概况，是考古学和古动物学相结合的边缘学科。因此，动物考古学专业的研究生课程

129

需要涵盖古生物学研究的各种技术和方法,又与许多社会科学和自然科学的学科联系密切,如第四纪地质学、古地理学、古气候学、埋藏学、土壤学、古生物学、古生态学、古人类学、民族学、年代学等。这就需要在动物考古学研究生课程的教学上涉及以考古调查和发掘获得的动物骨骼遗存为研究对象来重建古人类行为方式及社会面貌的社会科学范畴,又要利用自然科学范畴的一些技术和手段,具有层序性、渐进性以及互补性的特点。

目前,我国高校动物考古专业研究生课程基于以上特点,在重视传统考古学相关学科(例如中国旧石器考古研究、外国旧石器时代考古以及旧石器考古理论与方法、石器分析、古人类学等课程)的知识比重之外,还非常重视第四纪地质学、埋藏学以及第四纪环境学相关知识的融入,主要采用多媒体以及印发教学资料等手段相结合的教学方式;而这种教学架构方式,其目的是使研究生既能从整体上把握动物考古学的来龙去脉,理解理论原理的核心,又便于在动物考古研究工作中,有的放矢地获取第四纪环境学、埋藏学等方面的信息以解决具体问题,使动物考古学研究的内容更全面、更细致。然而,在我国各高校具有动物考古学专业研究生课程的教学过程中,教学方式还不能完全适应全面提高该专业研究生科研素质的教育目标,在一定程度上不利于提高学生的综合素质以及自主科研能力。简言之,目前我国高校动物考古专业研究生的教学方式还不能完全适应目前国际动物考古学高速发展的研究趋势,主要表现在以下几个方面:

第一，教学方式较为单一。国内各高校目前仍然延续传统的板书、多媒体（20世纪90年代中期之前为利用幻灯片讲授，之后为借助PPT进行授课）及印发教学资料等手段，缺少野外实践等灵活的教学方式，如定期去野外观察动物骨骼的整个埋藏及后期扰动过程、开展地质学及地貌学野外调查等，容易造成学生"重理论，轻实践""知其然，不知其所以然"的后果。

第二，教学方式较为呆板。教学方式是整个教学过程的重要手段。而近十几年来多媒体教学的课件较为常用，这种方式虽然利用了生动的图、文来吸引学生注意力，但由于动物考古专业课程的特殊性，造成部分教师只是简单地将讲义或教案的内容复制到多媒体课件中，使老师变成了单纯的"读"教材的人，容易失去学生的听课兴趣。

第三，教学方式内容更新及发展较为缓慢。研究生应掌握本学科最新、最前沿的研究手段及方法，这样才能更好地、有创新性地、独立地开展科研工作。由于受语言及理解的限制，本学科研究领域一些最新的研究进展以及研究方法并没有完全融入、充实到教学中去，教学形式缺少国际化。

因此，要想在动物考古学专业研究生课程改革上有所创新，其中重要的关键点就是在教学方式上有所突破。教学方式改革是教学改革和提升课堂效率的重要途径，有利于开拓学生的研究视野，提高学生的国际交流能力，更好地发挥教学方式灵活多样的特点。同时，教学方式的改革也不能仅局限在单纯的教学方式及方法上,还应调动学生参与科研的积极性和主动性。

二、动物考古学专业研究生培养目标及环节

动物考古学专业在专业性上是独立于考古学其他研究方向之外的研究方向,而在研究内容上则包含在旧石器考古、古人类学等大多数考古学研究方向之中。动物考古学专业研究生的培养目标是培养德、智、体全面发展,能适应社会、经济和科学技术发展需要的高层次专门人才,要求研究生树立实事求是和勇于创新的科学精神,掌握本学科坚实的基础理论和系统的专门知识;掌握必要的实验技能,具备必要的社会实践经验,具有从事动物考古科学研究工作或独立担负研究工作的能力。尤为重要的是,动物考古学专业具有文理交叉性质,要培养学生扎实的专业基础知识和基本技能,较广泛的人文科学知识和一定的艺术修养,能够进行动物考古学的初步研究。简言之,其总体培养目标就是适应时代发展、基础扎实、具有创新能力和国际学术视野的高素质动物考古学研究人才。

由培养目标而产生的教学理念在于使学生快速树立起科研意识,首先要让他们认识到科学研究的重要性,以及快速掌握科学研究技能的必要性和迫切性;另外,从学校走研究型大学道路的实际需要出发,也要使学生意识到,尽快提高科学研究素质的

责任和义务。这种教学理念也深深地融入其知识结构和培养环节中,主要体现在以下几个方面[①]:

(一)课堂教学

课堂教学使用或参考有较高水平的科研实例的权威性教材,结合知识点引述他人或教师自己从事的科研实践作为范例,列出重要的高水准科研论文及相关参考文献,引导学生沿着前人的科研足迹建立起科研思维。充分利用多媒体教学手段,使学生更多地了解科学研究成果丰富多彩的展示手段,激发学生的科研兴趣和快速掌握相关工具的渴求。

(二)实践教学

实践教学主要是由野外收集动物骨骼遗存及实验室整理两个环节组成,着重培养研究生在动物骨骼遗存收集阶段的一些工作环节(例如动物骨骼的收集、打包、运输等)以及室内整理阶段动物种属、性别、年龄以及动物骨骼化石初步整理的基本技能。

(三)科学研究的引导与深入

主要是通过引导学生通过动物考古学研究方法和理论的学

---

① 汤卓炜等:《研究生学制改革背景下加强本科阶段科研能力培养工作的探讨》,http://kgtca. jlu. edu. cn/entity/730 - 1015. shtml,2009 - 03 - 31。

习,了解目前国内和国际动物考古学研究领域的前沿及热点问题,加强基本技能训练(包括基础理论学习及实践训练),掌握科学研究的基本环节(包括阅读文献、发现论题、收集材料、归纳分析论证、撰写论文等)。通俗一点来说,就是把培养研究生的思路用到基础教育中去,或者说要把每一名研究生当作一个学者或科学家来培养,让每个学生都能较早地进入"研究者"的角色,这样可以使研究生避免单纯学习基础知识和基本研究技能的枯燥,既调动其学习的内驱力,又提高了学习基础知识、基本技能的效率,二者相互补充,相互促进。

三、动物考古学专业研究生课程教学方式改革思路及方案

教育教学改革是高等学校研究生教育体系各项改革的核心,是教学方式改革与创新时期重要的组成部分。根据新时期中国动物考古学对人才的需求,立足于吉林大学动物考古学学科的教学理念,我们要着重培养具有扎实的理论基础、过硬的基本技能和创新能力的研究生。

近年来随着动物考古学科的发展,全面复原古代社会及其赖以存在的环境成为动物考古学的主要任务。学科发展的这一趋势不仅对传统的考古学理论和田野考古方法提出了新的要求,而

且要求后备力量——研究生具备利用其他科技手段进行综合性研究的能力，动物考古学正在由一门实践性极强的学科，发展成为实践性和实证性并重的学科。高校作为未来考古学科研工作者成长的摇篮，将学科发展的这一前沿动态融会到教学实践中，是现今高校动物考古学研究生教育改革和创新的必然选择①。其中，教学方式因其承担着连接课堂理论讲授、野外实习和实验室分析等若干环节，成为动物考古研究生教学改革的关键点。按照这一思路，我们在教学改革中确立了以多学科融合的课题意识提升动物考古实践教学的原则，将不同学科的相关内容融入动物考古学的教学体系中来。结合本专业的培养目标，本文提出教学方式改革应遵循"一个中心、两个方向、三个结合、四个层次"的原则，加强课堂教学、田野实践教学和实验室教学之间的内在联系。

"一个中心"是指以实验实践教学为中心，因为动物考古学是一个实践性很强的学科，很大程度上是以动物考古学研究实践为主的。"两个方向"指的是基础知识向基本技能的知识动量转变以及基本技能融入学术研究的内在转变。"三个结合"是指在实验实践教学这个教学中心下基础知识、基本技能以及学术研究三者之间相互结合、相互影响、相互促进（图1）。"四个层次"

---

① 单霁翔：《推动文物与博物馆专业学位研究生教育，加快文化遗产保护领域应用型人才培养》，《中国文物报》2011年3月25日第3版。

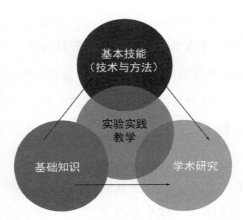

图1　动物考古学方向研究生教学方式"三个层次"原则示意图①

指的是②：第一层次为以基础知识教育为主体的基础训练,该层次主要为研究生提供基础训练平台;第二层次为以学习不同学科方向知识为导向的专业训练平台,该层次着力培养接受第四纪地质学、古地貌学、古环境学、第四纪环境学、古植物学、考古埋藏学等自然科学实践能力的训练;第三层次为以多学科融合为背景开展动物考古学实践研究,强化研究生个人对于专业知识的综合运用能力;第四层次为以科学研究为导向的创新训练平台,主要训练研究生通过掌握国内及国际本学科研究领域的热点问题来收集分析文献,发现问题,组成小规模团队独立开展创新性科学研究,该层次为动物考古学研究生教学最终目标的集中体现(图2)。

---

① 北京大学考古实验实践教学中心简介,http://cate. pku. edu. cn/Category_9/Index. aspx,2009－03－31。
② 山东大学考古实验教学中心简介,http://arc. sdu. edu. cn/lab/show_jxnr. php? id=215,2009－05－31。

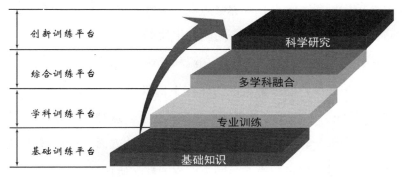

创新训练平台
综合训练平台
学科训练平台
基础训练平台

科学研究
多学科融合
专业训练
基础知识

图 2　动物考古学方向研究生教学方式"四个结合"原则示意图①

根据目前我校动物考古学专业研究生教育教学现状,结合国内外高校本专业的发展趋势和特点,在此提出教学方式改革与创新的具体方案,主要体现在以下几个方面:

(一)教学方式内容上的更新

根据动物考古学专业发展的方向,在教学内容上做了许多有益的调整,引入许多与学科发展前沿相关的新内容,购置大量外文版研究生教科书和相关研究资料,有效地推进了教学内容的更新进度。许多课程都加大了在课程讲授方面的国际交流和校际合作,采取聘请国内外同行专家授课或长期做科研讲座,购买或复印国外大学通用的动物考古学教科书的全部或部分内容等形式,大幅度增加与本学科有关的最新科研成果的介绍。例如,可

---

① 山东大学考古实验教学中心简介,http://arc. sdu. edu. cn/lab/show＿jxnr. php? id＝215,2009－05－31。

以邀请中国科学院古脊椎动物与古人类研究所、中国农业大学等古脊椎动物学方面的专家来为研究生授课,这加强了与各单位各领域专家以及学科之间的学术交流和专业合作,也扩大了这门课程在相关领域内的影响。该门课程不仅吸引了许多本校学生选修,而且吸引了校外的研究生来选修和旁听。这种课程方面的交流不仅局限于教学内容上,还集中在教学方法方面。许多教师在课程建设过程中也积极参与同类课程的教学研讨会。

(二) 具体教学方式上的改革

更多地采用了多媒体以及印发教学资料等多样化的教学手段,提高学生的学习兴趣。提前发放新课内容大纲、购买相关书籍给学生传阅,增加启发式和讨论式教学方法在课堂上的应用,并积极为学生参加学术交流会议创造机会,拓宽学生的学术视野,增强学生对最新学术成果的了解。另外,增加大量的图片资料,使得讲课内容更加生动、直观,课堂氛围更加活跃。由于该课程具有一定的原创性、实践性,教师在组织课程教学中充分注重从该课特点出发,结合其本人的科研项目,组织学生假期期间野外实习。

(三) 培养研究生创新能力

积极聘请国外专家学者进行短期授课,给学生介绍相关领域最新的研究进展和研究方法,开阔学生视野,提高学生国际交流能力。

积极推动学生参与各种全国或国际性的学术会议,参与学术交流,补充了课程内容,提高了课程的知名度。一些课程在积极引入国际化内容的同时也在讲授形式上下功夫,开展双语教学,使课程尽量与国际名牌大学接轨,领先国内其他院校的同类课程。一方面为研究生将来进入课题研究做准备,另一方面锻炼了高年级研究生的科研组织和表达能力,同时检查了他们课题的进展情况,也使学生学习的目的更加明确。这些有益的教学经验值得其他课程借鉴。

(四)建立完善的课程评价与教学质量保障机制

在改革教学方式方法的同时,还要建立完善的课程评价与教学质量保障机制,注重加强对课程建设过程和结果的检查及评估工作。

为此可以从以下两个方面着手:(1)适当抽取某一门课程对学生进行抽样调查,从学生角度了解课程立项建设后的教学效果。学生是课程的受体,对学生评估信息的搜集有助于更全面、更客观地了解课程建设的进度和实际效果。(2)对相关课程开展建立在网络平台上的学生评估活动。通过网络让学生填写对课程的评估意见和建议,以便更客观地、更量化地掌握立项课程的教学情况,促进教学水平的提高。

综上所述,教学方式是高校实现科研、理论、实验等成果连接的基础纽带,教学方式的改革与创新是动物考古学研究生课程建设与创新的重要内容,也是落实科研、理论、实验交叉融合的组织保证。基于这一指导思想,今后将坚持"以学生为主体,以教师为主导"的教学理念,将动物考古学研究生课程的教学方式改革与创新等建设内容进一步纳入研究生课程建设体系,完善学科建设、专业建设、课程建设与实验室建设互动的机制,强化"实验教学"的特点①。同时,我校动物考古学学科还应积极吸收、借鉴、引进国内外高校相关研究生课程的特色与优势。我们希望通过对动物考古学科研究生课程的建设和创新,培养出有出色创新能力的新一代科研自主型研究生。

---

① 赵宾福:《加强高校考古学科素质教育的途径和方法》,《创新改革与实践——吉林大学新世纪教学改革项目研究成果》,长春:吉林大学出版社,2004年。

研究生课程是需要设计的

——以对吉林大学和北京大学动物考古学课程体系调研为例

一、我国高校动物考古学专业研究生教育发展的现状

中国的动物考古研究起步较早,然而由于各种原因,我们的动物考古在很长一段时间里进展缓慢。但自新中国成立以来,随着动物考古材料的不断增多以及与国外学者交流的愈发频繁,我国动物考古学获得了较大发展。目前,整个考古学的研究重点由田野考古人员单独承担的建立编年体系、确立各个时空范围内的物质文化特征,向多个学科的研究人员共同参与的研究古代人类的各种行为及社会结构特征,进而探讨历史发展规律转变的大背景下,在高等院校动物考古研究人员和考古研究人员的共同努力下,中国的动物考古研究取得了长足的进步,主要体现为以下几

个方面：（1）全国一些高等院校成立了多个动物考古实验室和教研室；（2）发表了大量专题研究报告和论文；（3）开设讲座、培养研究生；（4）多学科结合开展研究；（5）组织中外科研团队联合申请国内及国际重大项目。

高等院校动物考古学专业研究生培养工作的广泛深入开展和相关动物考古学著作及论文的陆续出版、发表，体现了我国动物考古学工作更加成熟，理论、方向、方法、步骤更加明确、先进，内容更为翔实，标志着我国动物考古学新时代的到来。

二、高等院校动物考古学研究生课程 体系建设的调研简述

高质量的研究生课程既是培养高层次人才的重要环节，同时也是一所大学开展优秀科学研究的基础和前提，进行学术创新的重要阵地和展现渠道。在努力创建世界一流大学的过程中，为了进一步推进我校研究生课程教学体系的改革、提高研究生培养质量，本文选定北京大学考古文博学院作为调研对象。

本次调研校外动物考古学研究生课程体系选定的是北京大学考古文博学院旧石器考古与古人类学方向所包含的动物考古学专业。因为按照教育部学位与研究生教育发展中心对全国各高校研究生培养学科进行整体水平评估而得出的排名，北京大学

考古文博学院在历史学学科里排名第一位,所以其具有较强的科研能力和示范作用。

所采取的调研方式为网络调研以及实地调研。首先,登录北京大学考古文博学院主页①以及北京大学考古实验实践教学中心主页②查询动物考古学专业相关信息;其后,赴北京大学考古文博学院学生处对动物考古学研究生课程体系的具体设置、教学大纲、教学方式、方法以及目的等方面的情况进行调研。进而将其与吉林大学动物考古学专业研究生课程体系进行对比分析,借此推动我校相关专业研究生课程体系的创新与发展。

(一) 吉林大学动物考古学研究生课程体系的建设现状

在国际与国内动物考古学学科迅猛发展的大背景下,吉林大学边疆考古研究中心对于动物考古学的教学工作越发地重视起来。从学科构成来看,动物考古学主要包括动物解剖学、埋藏学、第四纪地质学、环境考古学等方向的内容。由此,从研究生课程体系建设来看,动物考古学专业课程设置主要包括③:(1)动物解剖学及埋藏学:由陈全家教授为研究生开设的动物考古学、动物解剖学、史前考古埋藏学、地貌与第四纪地质学;(2)埋藏学及

①　北京大学考古文博学院简介,http://archaeology.pku.edu.cn/Introduce.asp。
②　北京大学考古实验实践教学中心简介,http://cate.pku.edu.cn/Category_9/Index.aspx。
③　吉林大学考古学实验教学中心动物考古实验室简介,http://kgtca.jlu.edu.cn/entity/712 - 1028.shtml。

第四纪地质学：由陈胜前教授为研究生开设的晚更新世以来史前史、考古学理论、遗址过程；（3）环境考古学：由汤卓炜教授为研究生开设的环境考古学理论探讨、环境考古学文献导读、环境考古学专题与学科最新进展等。根据以上研究生课程体系的设置，可以更好地利用动物解剖学和动物分类学的研究方法，以遗址和墓葬内出土的动物骨骼遗存为研究对象，探讨古人类对动物和动物骨骼资源的开发和利用，以及当时的古气候和古环境，从而使研究生通过相关课程的学习能够达到对遗址内出土的动物遗存进行初步整理，掌握遗址内出土动物遗存的科学搜集方法、骨骼各部位的名称和方位、常见动物骨骼的种属鉴定方法等。

（二）北京大学动物考古学研究生课程体系的建设现状

在中国高等院校中，北京大学最早设立了考古学教学研究机构。1922 年北京大学国学门下设立了考古学研究室；1952 年北京大学历史系设立考古专业。北大考古的历史和中国考古学的历史几乎同样久远。考古专业成立以来，几代学者艰苦奋斗，励精图治，将专业发展壮大成今天的基础设施完整、学科覆盖面宽、教研力量雄厚的考古文博学院。2007 年，又成立了考古学系，由原考古文博学院考古学与博物馆学系中的考古学诸教研室及科技考古教研室整合而成。目前下设旧石器时代考古、新石器商周考古、汉唐宋元考古、外国考古和考古学技术方法 5 个教研室①。负责中国考古学各个时期考古、考古学理论、方法和技术以及部分外国考古学的教学和科研工作。其中,除传统的各时代考古以及田野考古学等学科是北京大学的传统强项,有深厚的教学、科研传统以及强大的教师队伍外,科技考古、动植物考古、古人类考古和外国考古等方向也有长期的积累,并逐渐与其他方向相互渗透,成为考古学系新的学科增长点。

北京大学考古文博学院的动物考古学专业研究生培养目标是掌握动物考古学研究方向坚实的基础理论和系统的骨骼解剖学知识,诸如哺乳动物骨骼解剖学、家畜骨骼解剖学、第四纪环境学、史前考古埋藏学等;掌握必要的实验技能,诸如骨骼标本的制备、分类、性别及年龄鉴定等,具有从事动物考古科学研究工作或独立担负研究工作的能力。尤为重要的是,北京大学考古文博学院的动物考古学专业具有文理交叉性质,培养学生具有扎实的专业基础知识和基本技能,较广泛的人文科学知识和一定的艺术修养,能够进行动物考古学的初步研究。

---

① 北京大学考古文博学院简介,http://archaeology.pku.edu.cn/Introduce.asp;北京大学考古实验实践教学中心简介,http://cate.pku.edu.cn/Category_9/Index.aspx。

三、吉林大学与北京大学动物考古学专业
研究生课程体系建设相关方面对比

（一）课程设置及教学理念

　　动物考古学是指根据考古遗址出土的动物骨骼探讨古代各个地区不同时间存在的动物种类，并根据动物生息特性对古代环境作出推测。西方动物考古研究大约始于 19 世纪前期的欧洲[①]。作为考古学的重要分支学科，动物考古学的发展在很大程度上受到人类学和考古学的理论、方法与实践的深刻影响。近十多年来，人与动物的各种关系，即人类开发利用动物资源的策略和行为，成为西方动物考古学研究的重点。学者往往通过研究动物的来源，以及人类对动物的分配、屠宰、储藏、消费、废弃的过程和方式，来认识当时人类的行为模式，探讨人类社会的经济成分、人与人之间的社会关系、政治组织结构和意识形态等诸方面的问题[②]。本课程希望通过对动物考古学的基本理论和方法的介绍，以及指导学生参与动物考古研究的实验研究，培养学生动物考古学的意识，初步掌握基本研究步骤和规范。因此，动物考古学专

---

　　①　安家瑗等：《国外动物考古学研究的新进展——1994 年度〈动物考古学研究动态〉简介》，《文物世界》1995 年第 4 期。

　　②　袁靖：《研究动物考古的理论、目标与方法》，《中国历史博物馆馆刊》1995 年第 1 期。

业研究生课程体系设计直接关系到研究生们能否通过相关课程的学习,做到掌握和灵活运用动物考古学相关理论以及研究方法。

根据北京大学与吉林大学动物考古学专业研究生课程设置对比表来看(表1),与动物考古学相关的课程设置(除去旧石器考古学系列课程)在两所大学中差别不大,主要课程重合在动物考古学这门课上。在此基础上,两所大学各有侧重,以北京大学为例,由于动物考古学研究生专业包含在旧石器考古学及古人类学方向之内,所以北京大学的动物考古学课程设置几乎包含了所有的旧石器考古学以及古人类学的相关研究生课程,例如中国旧石器考古研究、外国旧石器时代考古、古人类学等。另外,由于北京大学考古文博学院着重于研究晚段考古(主要指新石器时代考古以后的各时段考古学)及其相关问题,所以在动物考古学的课程设置上又增加了农业起源与动物驯化等课程,这也体现了该学科的研究方向倾向于偏晚段考古。特别值得注意的是,在北京大学动物考古学课程体系中,还包括第四纪哺乳动物这门较为基础性、专门性的课程,这体现了北京大学重视该学科课程体系建设的全面发展,因为第四纪哺乳动物学可以说是动物考古学的基础,才能使研究生们能够有机会补充动物考古学相关学科的基本知识,尤其是自然地理学、动植物学和生态学方面的知识,使知识结构更加合理化,这也是北京大学考古文博学院动物考古学研究生课程体系设置的一大特色,也是我校值得学习借鉴的地方。

表1　北京大学与吉林大学动物考古学专业研究生课程设置对比①

课　程 ＼ 大　学 学时及学分	北 京 大 学		吉 林 大 学	
	学　时	学　分	学　时	学　分
动物考古学	51	3	40	4
地貌与第四纪地质学	/	/	40	4
史前考古埋藏学	/	/	40	3
动物解剖学	/	/	40	4
环境考古学文献导读	/	/	72	4
中国旧石器考古研究	51	3	40	4
外国旧石器时代考古	34	2	40	3
旧石器考古理论与方法	34	2	40	4
古人类学	51	2	40	4
第四纪哺乳动物	51	2	/	/
晚更新世以来史前史	/	/	40	3
石器分析	/	/	40	3
农业起源与动物驯化	51	2	/	/
总计	323	16	472	40

注:"/"代表课程未开设。

　　近年来,吉林大学考古学系动物考古学学科获得了长足的进步,尤其是1999年成立的吉林大学考古学实验教学中心,该中心下设的动物考古实验室是集本科教学、研究生培养与科学研究功

---

　　① 北京大学考古文博学院简介,http://archaeology. pku. edu. cn/Introduce. asp;北京大学考古实验实践教学中心简介,http://cate. pku. edu. cn/Category_9/Index. aspx;吉林大学考古学实验教学中心动物考古实验室简介,http://kgtca. jlu. edu. cn/entity/712－1028. shtml。

能于一体的综合性实验室①。实验室配备有体视显微镜、电脑、液晶电视等20余台教学设备以及数十件常规的观察和测量仪器。实验室主要承担动物考古学研究生课程的实验教学,包括动物骨骼鉴定、骨器模拟制作、动物解剖、现代动物骨骼标本制作、骨骼表面痕迹分析等实验项目。同时也为研究生的自主创新实验、专业培养和教师的学术科研等提供平台。然而,反观我校动物考古学研究生课程设置虽然在数量、学时、学分上看,都远远高于北京大学,但是我们不得不正视,我校仍然缺乏一些基础性的研究生课程,如第四纪哺乳动物学、脊椎动物进化、第四纪环境学等古生物学、古生态学方面的课程。

从"动物考古学"这个名词上我们就不难看出,动物考古学的落脚点是考古学。又因为考古学是以考古调查和发掘获得的古代人类活动遗存为研究对象,以重建古代人类社会面貌为目的,所以属于社会科学范畴。虽然考古学研究的主要理论和方法源于人类学、历史学和社会学,但是在达到研究目标的过程中,却离不开自然科学的技术和手段,而且考古地层学和考古类型学,就分别来源于地质地层学的层序律和生物学的进化思想。尤其是地质学、地理学、生物学、生态学等,在全面而科学地认识古代人类社会的历史上起到了非常重要的作用。更具体地讲,动物考古学(Zooarchaeology)是指用古生物学研究的各种技术和方法进

---

① 吉林大学考古学实验教学中心动物考古实验室简介,http://kgtca.jlu.edu.cn/entity/712-1028.shtml。

行的考古学。从运用自然科学的技术和方法进行的考古学研究为科学(科技)考古学(Archaeological Science)的概念理解,动物考古学应涵盖在科学考古学之中。由于动物考古学主要涉及地学、动物学、植物学等,所以其主要分支学科就分别有:地理考古学(Geoarchaeology)、环境考古学(Environmental Archaeology)、植物考古学(Archaeobotany or Paleoethobotany)等。与动物考古学密切相关的学科有:地质学、地理学、古气候学、埋藏学、土壤学、生物学、生态学、人类学、民族学、年代学(Chronolgy)等[①]。

因此,值得说明的是吉林大学动物考古学专业研究生课程体系在重视传统考古学相关课程之外,还非常重视第四纪地质学、埋藏学以及古环境学相关课程的设置。这种教学架构方式,其目的是使研究生既能从整体上把握动物考古学的来龙去脉,理解理论原理的核心,又便于在动物考古研究工作中,有的放矢地获取古环境学、埋藏学等方面的信息以解决具体问题,使得动物考古学研究的内容更全面、更细致。

(二) 课程大纲及教学内容

动物考古学研究和教学适应现代科学大发展的形势。自然科学与社会科学,各自向纵深发展,同时又在更高的层次和更广泛的意义上相互交叉渗透,进入到融合化、综合化的轨道上来。

———————————
① 汤卓炜:《环境考古学》,北京:科学出版社,2004 年。

正是适应了这种科学发展的大趋势,动物考古学作为考古学的分支学科,将自然科学与人文社会科学很好地结合起来,从认识时间序列和古环境信息的角度,来解决人类自身及古文化发展的时空问题,以及人类与环境相互作用的问题,起到了其他学科无法取代的重要作用。

从人才培养的迫切性来看,国外早在 20 世纪中叶就开始了动物考古相关主干课程的讲授,其中以出版的埋藏学和生物考古学的著作最具代表性。例如 Brain, C. K. 在 1981 年出版的《狩猎还是被捕食? ——非洲旧石器时代洞穴埋藏学研究》[1],Klein, R. G. 等人在 1984 年出版的《考古遗址的动物骨骼研究》[2],Lyman R. L. 在 1994 年出版的《脊椎动物埋藏学》[3],Reitz E. J. 等人在 1999 年出版的《动物考古学》[4],这些著作都成为培养动物考古学相关人才的重要教学参考书。

因此,我国的一些高校针对动物考古学研究生课程体系的教学大纲、课程内容、教学要求、教学方式、教学方法、教学目的等方面都进行了很好的规划和设计。下面将以北京大学和吉林大学在动物考古学学科研究生课程体系核心课程——动物考古学为

① Brain, C. K. *The Hunters or the Hunted? An Introduction to African Cave Taphonomy*. University Of Chicago Press, 1981: 1–365.
② Klein, R. G. *The Analysis of Animal Bones from Archeological Sites*. University Of Chicago Press, 1984: 1–273.
③ Lyman R. L. *Vertebrate Taphonomy*. Cambridge University Press, 1994: 1–552.
④ Reitz E. J. *Zooarchaeology* (Cambridge Manuals in Archaeology). Cambridge University Press, 1999: 1–475.

例,就以上问题进行比较分析。

从北京大学与吉林大学动物考古学课程大纲及内容对比表来看(表2),北京大学的动物考古学研究生课程大纲设置较为格式化、教学化,主要是通过对动物骨骼标本的观察及进行相关动物骨骼模拟实验,由浅入深地介绍我国动物考古学现状以及国内和国际动物考古学研究的一些前沿热点问题。这些内容在一定程度上看起来有些松散,不够系统。而反观吉林大学的动物考古学研究生课程大纲内容则较为系统、科学,我校主要采用动物解剖学和动物分类学的研究方法,以遗址和墓葬内出土的动物骨骼遗存为研究对象,探讨人对动物和动物骨骼资源的开发和利用,以及当时的古气候和古环境。其任务是让研究生通过本课程的学习能够达到对遗址内出土的动物遗存进行初步的整理,掌握遗址内出土动物遗存的科学搜集方法、各部位骨骼的名称和方位、常见动物骨骼的种属鉴定方法。通过动物考古学课程的学习,使研究生做到:

1. 系统了解动物考古学的发展简史、研究现状、学科动向,掌握基本原理及常用研究方法。

2. 补充有关学科的基本知识,尤其是自然地理学、动植物学和生态学方面的知识,使知识结构合理化。

3. 学会开展环境考古研究的基本步骤和获取环境信息的方法。

4. 认真完成实验课学习任务,提高动手实践能力。

表 2　北京大学与吉林大学动物考古学课程大纲及内容对比①

大学 章节	北京大学	吉林大学
第一讲	动物考古学是什么？	概论
第二讲	动物的进化、分类与术语	哺乳动物骨骼系统
第三讲	动物标本的制作	哺乳动物的骨骼鉴定
第四讲	动物的分类	哺乳动物骨骼表面的痕迹分析
第五讲	部位的鉴定实验	骨制工具的工艺流程
第六讲	种属的鉴定实验	家畜起源的研究
第七讲	年龄的鉴定实验	动物生活习性的分析与研究
第八讲	雌雄的鉴定实验	动物骨骼的测量方法
第九讲	个体差异	动物骨骼遗存的收集与整理
第十讲	大小测量	/
第十一讲	病变的观察	/
第十二讲	骨骼损伤的观察实验	/
第十三讲	出土内容的记录	/
第十四讲	动物遗体的采集方法实践	/
第十五讲	动物考古学的前沿	/

注："/"代表课程相关章节未开设。

5. 积极参与动物考古教学改革实践，及时反馈教改意见给授课教师，加强与教师在学术思想上的沟通。

6. 多听名家学术讲座，多与资深学者交流，活跃、拓宽、深化学术思维。

---

① 北京大学考古文博学院简介，http://archaeology. pku. edu. cn/Introduce. asp；北京大学考古实验实践教学中心简介，http://cate. pku. edu. cn/Category_9/Index. aspx；吉林大学考古学实验教学中心动物考古实验室简介，http://kgtca. jlu. edu. cn/entity/712－1028. shtml。

7. 加强自学能力的培养,多阅读有关动物考古的文章,提出问题,并试图用动物考古方法去分析和解决问题。

对于一个未来的动物考古工作者来说,动物考古理念的建立至关重要——不断更新知识、重视动物考古的相关信息,以及搜集有关资料和开展研究工作。考古学中动物考古概念的形成,对人地关系的重视才是原动力。对研究理念的执着是终身的,也是时代和学科发展的迫切要求。

(三) 教材建设

北京大学考古文博学院根据动物考古学专业发展的方向,在教学内容上做了许多有益的调整,引入了许多与学科发展前沿相关的新内容,从国外购置了大量外文版研究生教科书和相关研究资料,有效地推进了教学内容的更新进度。许多课程都加大了在课程讲授方面的国际交流和校际合作,采取聘请国内外同行专家授课或长期做科研讲座,购买或复印国外大学通用的动物考古学教科书的全部或部分内容等形式,大幅度增加与本学科有关的最新科研成果的介绍。此外,他们还积极编写并出版了一系列教材,如《石器研究——旧石器时代考古方法初探》《旧石器考古学》《中国远古人类文化的源流》等。相比之下,我校动物考古学学科缺乏相应国外大学较为流行的外文版动物考古教材以及相关研究资料,而且目前教学中常用的参考书籍更新较为缓慢,多使用 20 世纪后半叶出版的一些书籍,例如 W. B. 塞普提摩斯的

《家畜解剖学》(1962年版)，郑作新的《脊椎动物分类学(增订本)》(1964年版)，马克勤、郑光美等人的《脊椎动物比较解剖学》(1984年版)，中国科学院古脊椎动物与古人类研究所编著的《中国脊椎动物化石手册(增订版)》(1984年版)，伊丽莎白·施密德所著的《动物骨骼图谱》(1992年版)，鲍利尔著《哺乳动物的生活与习性》(1957年版)以及董常生著《家畜解剖学》(2001年版)。

四、我国高等院校动物考古学专业研究生课程体系建设对我校的启示

人类既具有社会属性，又因生存于自然环境中而具有自然属性。因而，要探究古人类文化的渊源流向，应从历史唯物主义的观点出发去认识古人类与动物、环境之间的关系，以及探究在特定环境背景及动物资源的条件下古人类行为的变化及其原因，这就需要建设起完善的动物考古学学科，而动物考古方向研究生课程体系是使该学科建设更加完善，使学科发展后继有人必不可少的重要推动力量和载体。

通过以上对两个高校动物考古学专业研究生课程体系建设诸方面的对比，可以看出我校的研究生课程体系建设与之还存在一定的差距，这与我国目前蓬勃发展起来的动物考古研究工作相比，教学工作稍显落后。因此，我校动物考古学方向研究生课程

体系建设未来的发展方向主要着眼于以下几个方面：

（一）培训研究型人才，完善操作方法

国内现在从事动物考古研究的人员数量有限，一些考古发掘工地在发掘时没有科学地采集动物遗存，不少省、市、自治区的考古遗址出土的动物遗存亟待整理。通过组织田野操作示范和实验室工作展示，举办相应的学术交流会等方式，讨论和规范动物遗存的提取、鉴定、测量、统计和分析方法，与国际上的动物考古研究方法接轨，为推动动物考古学研究逐步走向深入奠定基础。

（二）编写动物考古学相关教材、翻译相关参考书和工作手册

我们现在可以利用的中文动物考古研究书籍极其有限，研究人员各自利用的外文资料也不尽统一，且目前国内还没有一本正式出版的动物考古学教材。希望通过编写、出版动物考古学教材，翻译动物考古学相关参考书和工作手册，从理论上在教学过程中对学生们加强动物考古研究领域的建设。

（三）建设完善的现代动物对比标本库①

秉承以今证古的原则，鉴定古代动物骨骼需要借助现代动物骨骼作为对比标本，保证鉴定的科学性和可靠性。我们需要更加

---

① 陈全家等：《〈动物考古学〉课程建设与教学改革实践初探》，《创新改革与实践——吉林大学新世纪教学改革项目研究成果》，长春：吉林大学出版社，2004年。

努力地收集和制作现代动物骨骼标本。通过实物、照片、三维模型等各种形式,逐步建设和完善一个区域性的现代动物骨骼对比标本库,供研究生在整理考古遗址出土动物遗存时对照参考。

(四) 做好动物遗存的采集和整理

鉴于在以往的考古发掘工作中往往仅是采集肉眼能够看到的动物遗存,发表的动物遗存研究报告只能建立在这些资料的基础之上,还有不少地区连这样的动物考古研究都没有做到。在研究生的野外实践中,务必要注意全面采集动物遗存,对各个遗址出土的动物遗存开展全方位的整理,写好各个遗址的动物遗存研究报告,逐步积累各个时期和各个地区的动物遗存资料及填补空白。不断积累更加翔实、更加全面、更加系统、更加科学的动物遗存资料。

(五) 做好动物埋藏学研究

动物是古代人类渔猎及由狩猎转为饲养的对象,是当时的肉食来源,是祭祀、随葬和文化交流的用品,是战争和劳役的工具。进入阶级社会以后,利用动物种类和部位的差异还成为不同人群等级、身份的象征。而所有的古代动物遗存,又是由于当时人的有意放置或废弃,经过长时间的埋藏,到现代被发掘出来的。因此,围绕各种家畜的起源,不同时空范围内获取肉食资源的方式,动物遗存在社会复杂化进程中的证据,不同时期、不同地区、不同阶层利用动物祭祀和随葬的特征,动物在战争和劳役中的作用,动物作为文化交流的实物,动物埋藏学等方面开展研究是十分必要的。

(六) 建立古代动物遗存样品库、数据库①

各个考古单位发掘出土的古代动物遗存都属于考古学的宝贵资料。在野外发掘和调查过程中,广泛收集和整理全国各地考古遗址出土的古代动物遗存,按照地区、年代和种属,分门别类进行收藏和管理,将考古遗址出土的动物遗存的考古背景、出土状况、实物照片、测量数据等重要信息数字化,建立和不断充实中国古代动物遗存的数据库,且与网络连接,为研究生进行比较研究提供资料。

综上所述,通过对北京大学考古文博学院与吉林大学边疆考古研究中心动物考古学专业研究生课程体系在培养理念、知识环节、课程设置、教学方式及方法、具体的教学实践等方面进行细致的对比分析,我校动物考古学学科应该积极吸收、借鉴、引进北京大学相关研究生课程体系的优势及特色。我们希望通过对动物考古学科研究生课程体系的建设和创新,能够培养出具有出色创新能力的新一代科研自主型研究生。

---

① 陈全家等:《〈动物考古学〉课程建设与教学改革实践初探》,《创新改革与实践》,长春:吉林大学出版社,2004 年。

动物考古怎么教

——考古学专业研究生教学改革的研究与实践

　　21世纪是一个以创新与发展为主题的新世纪,培养高素质的创新性人才是高等学校人才培养目标的首要任务。目前,考古学在各个高校人文社会科学诸学科中占有非常重要的地位,它不仅能够训练出其他人文学科所需要的极强的动手能力、敏锐的观察能力、清晰的思维能力,还能培养出学生独立思考判断的优秀品质,在培养学生独立思维能力和科学严谨地处理问题等方面是其他人文学科课程所不可替代的。20世纪60年代初,美国一批年轻考古学家举起"新考古学"旗帜,并使这股新考古学思潮在七八十年代传入中国,这也使得当今的中国考古学在传统方法和新考古学方法以及不断更新和完善的理论方法推动下,迅速向前发展①。与目前蓬勃发展的世界与中国考古学相比,我国高等院校考古学专业的研究生教学目前还存在很多差距,无论是在教学

---

　　①　袁靖:《动物考古学研究的新发现与新进展》,《考古》2004年第7期。

方式还是具体的研究实践上都很薄弱，甚至存在一些空白区域。因而可以说，培养高素质的创新型人才，是目前我国高等院校考古学专业研究生教学亟待解决的主要问题之一。我们在《动物考古学》研究生核心课程的建设上，从课程体系、教学内容、教学方法、实践教学以及考试等方面都进行了改革，并对如何培养研究生创新思维和创新能力进行了有益的探索和实践。

一、动物考古学教学改革的思路

（一）充分认识教学改革的必要性和紧迫性

动物考古学（Zooarchaeology）是考古学与动物学相结合的一门科学。它的研究对象是从人类各个历史时期考古遗址中发掘出的动物骨骼。通过对这些动物骨骼的鉴定与解释，从而了解古代居民居址附近的自然条件和生态环境、古人类狩猎的对象、对食物的选择以及家畜蓄养等情况，也采用动物学的方法研究考古学相关问题。1976 年，在法国举行的第九届史前学与原史学国际会议上，正式成立了国际动物考古学会（International Council for Archaeology）[①]。至此，动物考古学逐渐成为考古学的一个重要分支。20 世纪后半叶以来，中国动物考古学者引入了相当数

① 安家瑷等：《国外动物考古学研究的新进展——1994 年度〈动物考古学研究动态〉简介》，《文物世界》1995 年第 4 期。

量的国外动物考古学或埋藏学方面的专著,以供我国动物考古学研究所用。经过几十年来的发展与推广,我国动物考古学研究由最初的辨识考古遗址内出土动物种属转变为通过分析出土动物骨骼,阐释人的行为与动物骨骼之间的关系,分析当时社会的经济状况、政治及宗教活动,乃至人与人之间的关系,对于解释人类在各个历史时期(特别是旧石器时代)考古遗址动物群形成过程的复杂性和多样性以及复原古人类行为起了重要作用。然而,由于我国近年来过快、过多地引进国外动物考古学先进理念和方法,未能与我国动物考古材料很好地紧密结合在一起,出现了动物考古学研究生教学中课堂讲授的先进动物考古学理念与研究实践相脱节的现象,未能发挥出积极的理论与现实意义。因而,通过对目前考古学专业研究生核心课程建设的深刻反思和全面总结,改革人才培养模式,实现教学内容、课程体系、教学方法和手段的现代化,提高教育质量,培养适应 21 世纪需要的专门人才,进而改革现有考古学专业研究生核心课程的教学内容和方法成为当前一项迫在眉睫的任务。

(二)分析考古学专业研究生动物考古学教学中存在的问题

考古学专业研究生培养中的动物考古学教学存在的首要问题就是实践意识淡薄,理论与实践不能紧密联系起来。首先,对于实践在考古学专业中的重要作用缺乏应有的认识,研究生在日常学习中仅将实践看作教学计划中的一部分,实践教学在考古学专业的研究生教育中未得到应有的重视；其次，教学形式和内容相对陈旧、落后。20世纪以来，随着考古遗址数量的不断增多和自然科学手段在考古学中的应用日趋广泛，相应的研究重点和热点也在发生转变，而我们的考古学专业研究生教学内容并未完全随国际学术界的研究重点的转变而相应转变，依旧按照以前的教学内容进行讲授，这也导致一些新的研究方法没有在实践教学中反映出来；再次，教学内容的单一化导致教学与专业研究相脱节。以动物考古学为例，其涉及解剖学、骨骼测量学、埋藏学、第四纪哺乳动物学以及第四纪地质学等学科的内容，教学内容的单一化使学生并不能完全理解新的研究方法是如何应用于考古材料的；最后，考古学专业研究生的知识结构参差不齐，根据近五年来考古学专业研究生的招生情况来看，跨专业考生比例逐年呈上升趋势，这也造成了这些研究生专业基础知识薄弱，进而影响学生独立研究问题的能力。

二、动物考古学教学改革的内容和实践

为了稳妥而积极地改革动物考古学教学的内容，我们从2004年起对动物考古学专业研究生教学进行了教改试点工作，并根据动物考古学研究生课程体系的具体设置、教学大纲、教学方式、方法以及目的等方面，重点调研了以北京大学考古文博学

院旧石器考古与古人类学方向所包含的动物考古学专业为代表的国内优秀动物考古学研究生课程体系①,据此调整了我校动物考古专业研究生课程的相关内容及教学方式,几乎涵盖了所有动物考古学专业的研究生,约 20 人。

(一)改进教学方法,完善教学内容

在课程教学的方法上,结合动物考古学实践性强的特点,注重引导学生掌握科学的思维方法,将抽象的难以理解的授课内容利用新的教学方法教授,提高教学质量。比如,在讲授动物解剖的骨骼名称、动物分类学的种属之间的特征区别、骨骼表面不同的痕迹特征时,如果不结合教学标本进行教学内容的讲授,很难想象学生对知识的掌握和理解。经过教学的改革与探索中认识到这种教学方法是行之有效的,学生不但学到了知识也培养了学习兴趣。充分利用已有的现代和古代动物骨骼标本库的资料进行分类比对研究,所学的知识得到了巩固和提高,同时,培养了学生动手能力和实践能力。

如何完善教学内容,是当前动物考古学教学改革的重要部分,在授课内容上,除了继续加强动物解剖学、动物分类学、动物性别和年龄的鉴定以及动物骨骼表面痕迹的研究,又增设了动物

① 王春雪等:《浅析高等院校动物考古学专业研究生课程体系的建设与创新——以对吉林大学和北京大学相关课程体系调研为例》,《高教研究与实践》2012年第 2 期。

骨骼标本制作、家畜起源研究和 DNA 在动物考古学中的应用等内容。随着科学技术的发展和研究手段的更新,授课内容也要不断地更新才能跟上时代的发展需要。

(二)加强实践教学的改革,注重学生能力培养

为了配合理论课,实行实验教学优势互补,根据动物考古学的学科性质和学科特点应加强实践教学,我们为学生设置了以下实验教学环节①:

1. 动物解剖实验。在解剖的过程中让学生掌握解剖的技巧,观察遗留在骨骼上的各种痕迹,以此判断古代人的屠宰技术等。

2. 骨骼标本的制作实验。让学生将解剖的动物制作成骨骼标本,并掌握骨骼标本的制作方法。

3. 骨器的制作实验。让学生模拟古代人加工制作打制和磨制的骨器以及分析产生废弃骨料的各种特征。

4. 砸骨取髓试验。利用鲜骨进行砸击实验,观察骨骼破碎的特征,以此来区别人工与非人工形成的骨片等。

5. 食肉动物的啃咬实验。让大型食肉动物进行啃咬,观察骨骼表面留下的痕迹以及破碎骨骼的特征。通过一系列的实验活动来证明古代遗址出土的骨骼表面的痕迹和破碎骨骼的

---

① 陈全家等:《〈动物考古学〉课程建设与教学改革实践初探》,《创新改革与实践——吉林大学新世纪教学改革项目研究成果》,长春:吉林大学出版社,2004 年。

形状特征是如何产生的,以及更好地恢复古代人类各种的行为方式。

伴随实践教学的改革,我们体会到实验课的内容既要体现出实验方法的先进性、实用性、可操作性、趣味性和探索性,又要给学生提供更多的实验的机会,培养学生动手能力和实际工作的能力,才能满足培养高素质复合型学生的需要。

(三)加强学生科研、创新能力的培养

在本科生科研和创新能力培养上,我们增加了学生的实践次数,增强了学生的科研意识,我们鼓励愿意继续学习动物考古的学生参与教师的科学研究,学生在教师的指导下撰写研究性报告,进一步培养学生的科研兴趣和科研能力。在动物考古方面有些学生已经参与动物骨骼遗存的整理与研究,并完成了校级项目,得到了全面的锻炼,为学科的发展和研究生的培养创造了良好的外部环境。

(四)注重全面考核,突出实践能力

考试方法和考试内容的改革是培养高素质创新人才的需要,因此,必须改变学生以往"为考而学"的思想。我们在探索中体会到考试的目的是为了了解学生对所学知识掌握如何,也是督促学生学习的一种方式。要想随时了解学生对所学知识的掌握情况就必须随机抽查,而不是期末算总账,这也是为了避免学生逃

课或者上课注意力不集中的坏习惯。尤其是动物考古课的教学以实践教学为主,考核学生的动手能力和研究能力,避免了来听课和不来听课的学生都能过关的不正常现象。动物考古课的考核采用以下几种方式:课前提问——课堂笔记——课堂主动回答问题——作业——实践课的表现——实践能力考核。通过考核提高了学生的动手能力和研究能力以及创新意识,使学生对本学科的教学内容有了更加浓厚的兴趣。

(五)加强学习,提高教师素质

教学改革思想的贯彻,教学改革方法的应用,关键在于教师素质的提高,因此必须将教学与科研相结合,不断提高教学业务水平和教学能力。动物考古学专业的任课教师,长期致力于旧石器考古及埋藏学的研究,缺少动物考古学的相关教学经验,为了改变这种状况,我们主要采取了两种途径来提高任课教师的动物考古学教学水平。首先,鼓励教师"走出去",参加国内著名科研院所的进修班和专题研讨班,例如 2012 年和 2013 年,吉林大学边疆考古研究中心相关年轻教师参加由中国科学院古脊椎动物与古人类研究所开设的中国第四纪哺乳动物学专题进修班,由国内著名的动物考古学专家祁国琴研究员进行系统讲授①;其次,采取"引进来"政策,定期举办一系列专题讲座,邀请国内外动物

---

　① 《中国科学院古脊椎动物与古人类研究所第四纪哺乳动物学系列讲座》,http://www.ivpp.cas.cn/xwdt/xshd/201302/t20130225_3765295.html。

考古方向的专家前来讲学,如邀请了日本岐阜大学石黑直隆教授、日本奈良文化财研究所松井章教授、菊地大树客座研究员做了日本动物考古学学术界目前有关犬科动物起源的最新 DNA 研究以及日本近海史前遗址的动物埋藏学研究的最新成果,此外,还邀请了中国社会科学院考古研究所动植物考古国家文物局重点科研基地的袁靖研究员就目前国内动物考古学研究的最新进展以及中华文明探源工程第三阶段研究成果做了一系列讲座①。这些都极大地巩固了任课教师的专业基础,提高了专业教学水平。

三、动物考古学教学改革的效果

(一)提高了研究生自主科研的意识

通过聘请国内外专家学者进行短期授课,给学生介绍相关领域最新的研究进展和研究方法,开阔学生视野,提高学生国际交流能力,一改以往研究生科研"跟着老师的屁股后面走"的单一局面,自己组建研究团队,在前期系统收集、分析、讨论国内外文献的基础上,研究生们自主设定研究项目,定期与任课教师进行理论和实践层面的讨论,进而丰富了研究生的研究领域,提高了

---

① 《中国社科院考古研究所袁靖研究员应邀来我校讲学》,http://www.bjkgjlu.com/cn/homepage_2.asp?id=1002&type2_id=21。

研究水平,并以此为契机,积极申请吉林大学校内的研究生创新项目。

(二) 激发了研究生参与学术交流的热情

　　动物考古学教学改革积极推动了研究生参与各种全国或国际性的学术会议,参与学术交流,开拓了研究视野,锻炼了研究生的科研组织和表达能力。例如,在 2012 年 7 月于吉林大学主办的第三届全国动物考古学研讨会上,我校动物考古学研究生分别以《内蒙古科左中旗哈民忙哈遗址出土动物骨骼研究》《内蒙古魏家窝铺遗址 2010、2011 年发掘的动物遗存研究》《云南银梭岛遗址出土动物骨骼表面改造痕迹的研究》为题,做了精彩的大会发言,以及由中国古脊椎动物学会与第四纪古人类—旧石器专业委员会于 2012 年 8 月在内蒙古二连浩特市召开的中国古脊椎动物学第十三届学术年会上研究生所做的题为《中国旧石器时代装饰品研究新进展》的小组发言,均引起了与会学者的极大兴趣,展开了热烈讨论,使研究生受益匪浅。

(三) 提高了研究生的创新能力,产出一系列学术成果,努力做到成果最大化

　　研究生跟随导师参与项目以及自主科研,不仅提高了自身的创新能力,同时也产出了一系列高水平的学术成果,发表在诸如《江汉考古》《华夏考古》《北方文物》等国内核心期刊上。

四、结　语

在近几年的教学改革实践中,我们把提高研究生专业素质和创新能力贯穿始终,在转变教育思想的基础上推进教学改革,在教学改革中不断转变教学思想。经过几年的努力,取得了一定的成绩,同时,我们也对继续进行的教学改革提出几点期望:1. 保证教改科研经费的投入,拓展师资培养的渠道;2. 在教学中要充分发挥研究生的主导作用,激发他们的学习热情,变被动接受为主动吸收,培养研究生的自主科研意识和能力。

综上所述,研究生创新能力的培养是高校研究生教育教学的重要目标之一,也是落实科研、理论、实验交叉融合的组织保证。基于这一指导思想,在注重考古学专业研究生基础训练的同时,着重培养研究生的动手能力、学术创新能力。在高等院校的考古学专业研究生教学改革中,除了强调进行考古学的基础训练,同时注重培养研究生的动手能力和进行学术创新的能力。我们希望通过对考古学科研究生教育中田野学校环节的建设和创新,能够培养出具有出色创新能力的科研自主型研究生。

新兴考古学

——分子考古教研初探

一、分子考古教学与研究的意义

从世界范围看,现代考古学已逐渐演变成一个以人文科学研究为目的,包含大量自然科学方法的交叉性学科。20 世纪 80 年代,随着分子生物学技术飞速发展,尤其是 PCR 扩增技术的出现以及对古 DNA 研究的深入,考古学家和分子生物学家将以古 DNA 研究为主导的现代分子生物学引入传统考古学研究领域,并逐渐形成了新兴的考古学分支学科——分子考古学①。分子考古学主要通过分析古植物、古动物、古人类 DNA 遗传结构的变化规律来探讨人类的演化与迁移、早期农业的发展、动植物的家养与驯化过程以及地质演化等重大问题,因而受到考古界的广泛关注②。

---

① 盛桂莲等:《分子人类学与现代人的起源》,《遗传》2004 年第 5 期。
② 陈文婷:《从分子人类学到历史人类学》,《学术月刊》2014 年第 6 期。

国外一些著名的大学如英国剑桥大学、牛津大学、澳大利亚昆士兰大学、阿德莱德大学、德国马普研究院都先后建立了古 DNA 研究中心，进行分子考古学的研究。与国外相比，我国的分子考古学研究基础较为薄弱，规模较小，还处于积累资料阶段，缺乏系统全面的研究规划。因此开设专门的分子考古学课程，编写专门的教材，向学生介绍该领域的知识和研究方法，是我国高校考古专业人才培养与国际接轨的发展趋势。

二、如何开展分子考古研究与教学

（一）教材建设

工欲善其事，必先利其器，开展分子考古教学首先要有好的教材。1998 年吉林大学生命科学学院和考古系合作组建了国内第一个古 DNA 的专门实验室，承担和完成了国家一系列研究项目，取得了一定的科研成果，研究范围也由最初的古代人类扩展到古代动植物。多年的研究使实验室的老师和研究生对古 DNA 研究的理论、方法及其在考古学中的应用有了深刻的认识，积累了丰富的资料，而这正是编写教材的基础。教材建设的难点在于国内外的相关著作较少，同时教材内容既要加入分子生物学的基础知识，又要兼顾文科学生的特点。一方面，内容不能太深以至于学生很难读懂，另一方面又要求使学生快速掌握相关的知识——包括古 DNA 研究相关的分子生物学知识,古 DNA 实验室技术、数据分析方法,以及应用软件等。在编写教材之初,我们主要将此书定位于详细介绍古 DNA 研究原理和方法。经过近一年的编写,《古 DNA 研究的理论和方法》一书的初稿完成。但是,由于此书涉及过多的古 DNA 分析原理,而相应的生物学基础理论及其在考古学中的应用却很少,并不适合初级读者。因此,出版社和相关专家希望删减古 DNA 分析原理方面的内容,简要介绍基本研究理论,重点介绍在考古方面的应用,并将书稿的名字改为《分子考古学导论》,主要面向大专院校考古学及博物馆学专业的学生。收到建议后,我们立即组织人员对教材进行改写,缩减艰涩难懂的理论部分,重点介绍古 DNA 技术在考古学中的应用。经过紧张的编写工作,在 2008 年 12 月教材正式出版①。

(二) 如何教学

根据教材内容,我们将教学内容分为绪论和三个主要部分。绪论主要介绍什么是分子考古学,分子考古学的主要研究内容和方法,分子考古学的历史、现状和展望。第一部分是生物学基础,主要介绍分子生物学相关知识,如生物大分子结构与功能、基因与基因组、基因组演化与物种分类、遗传多态性标记、分子系统学的基础知识等。第二部分是古 DNA 应用实例,详细介绍人类资

---

　　① 蔡大伟:《分子考古学导论》,北京:科学出版社,2008 年。

源古代 DNA 的应用、古 DNA 与家养动物起源研究、植物古 DNA 研究应用。第三部分是古 DNA 的研究方法,主要介绍古 DNA 实验室技术,如古代标本的采集、DNA 的提取、PCR 扩增以及污染的防止和识别等,同时简要介绍古 DNA 数据分析原理以及相关常用软件的使用方法。通过这样的教学,内容由浅到深,循序渐进,使学生很快对分子考古的认识由感性上升到理性的阶段。全程采用多媒体教学,在理论讲授的同时充分利用动画和视频进行分子生物学基础教学,学生对分子生物学的基础掌握很快。在讲解古 DNA 在考古中的应用时,结合最近的研究成果以及重大的考古问题进行讲解,例如人类起源、尼安德特人与人类的关系、欧洲和东亚人群的起源与扩散,古代动植物的驯化等[1],使学生能够很快地掌握如何将古代 DNA 技术应用到考古实践中去。

(三) 教学实践

对于分子考古来说,仅停留在理论教学阶段还是远远不够的,我们设计了教学实践环节,让学生走进实验室,进行实践操

---

① Pääbo S., Wilson A. C. "Polymerase chain reaction reveals cloning artefacts". *Nature*, 1988, 334 (6181): 387 - 388. Wormser G. P., Joline C., Bittker S., et al. "Polymerase Chain-Reaction for Seronegative Health-Care Workers with Parenteral Exposure to Hiv-Infected Patients." *New England Journal of Medicine*, 1989, 321 (24): 1681 - 1682. Paabo S., Higuchi R. G., Wilson A. C. "Ancient DNA and the Polymerase Chain-Reaction - the Emerging Field of Molecular Archaeology". *Journal of Biological Chemistry*, 1989, 264 (17): 9709 - 9712. Spuhler J. N. "Evolution of Mitochondrial DNA in Monkeys, Apes, and Humans". *Yearbook of Physical Anthropology*, 1988, 31: 15 - 48. Rizzi E., Lari M., Gigli E., et al. "Ancient DNA studies: new perspectives on old samples". *Genetics Selection Evolution*, 2012, 44.

作,充分体会分子考古的魅力。在我国现行的教育体制下,在高中阶段就实行文理分科,考古专业的学生基本是文科背景。许多理科的实验,文科生都没有做过,有许多同学从来没有进过实验室。因此,我们设计了两个实验环节,第一个环节就是实验室基本仪器操作,要求学生掌握实验室仪器运行原理,能熟练操作仪器,熟悉仪器功能及用途以及熟悉仪器使用参数条件。我们指导学习离心机、灭菌锅、移液枪、冷冻研磨、PCR 仪、电泳系统、凝胶成像仪、测序仪的使用以及琼脂糖凝胶的配置。由于古 DNA 实验室是高度洁净的,为了避免外源 DNA 污染,所有学生不能进入专门的古 DNA 实验室进行实验,因此我们设计了从人体毛发中提取 DNA 并进行扩增和琼脂糖凝胶检测实验,来模拟古 DNA 的提取、扩增过程及检测过程。首先,讲解毛发 DNA 提取的原理和方法并让同学进行操作,提取学生自己的头发 DNA;接着对毛发提取液进行 PCR 扩增;最后对扩增后的 PCR 产物进行 2% 的琼脂糖凝胶电泳检测来判断实验是否成功。通过实验,学生可以充分了解如何从头发中提取 DNA,并进行扩增检测。

三、存在的问题和对策

尽管通过上述的教学和实践,使学生对分子考古有了一定的认识和了解。但是由于文科生的理学知识太过于薄弱,对于很简单的概念也不理解,甚至产生畏难情绪。为此,我们充分加强与学生的交流互动,随时询问学生的上课感受,对于学生不懂的概念和理论,尽量用浅显易懂的语言和实例来解释。

　随着物价的不断上涨,原有实验经费已显不足。因此,要请主管部门给予足够的重视和资金支持。否则,实验课无法正常开设,实验效果也将大打折扣,高素质学生的训练和培养也只能流于形式。伴随着科技考古的快速进步,以及实验室正常运行导致的设备磨损和折旧,原有实验室建设时购置的设备已经无法满足正常的实验课需求,新的实验项目更无法开展。因此,需要多方筹集资金添置和更新设备,可能的话争取获得学校或者国家专项资金的资助。

后　记

　　时间如白驹过隙，不经意间我已经留校八年了。我还记得刚留校时，陈全家老师与我长谈了一次，让我在做旧石器研究的同时，要抓紧把动物考古方向的教学与科研接下来。我在中科院古脊椎所读博的时候，曾选修祁国琴老师的第四纪哺乳动物，当时查阅了很多资料，至今记忆犹新，所以我在留校后的第一年（2010年）先开设了动物考古方向的研究生课——中国第四纪哺乳动物。2010年和2011年，陈全家老师让我参与到两个研究生教改项目中来——吉林大学研究生教学改革项目"考古学专业学术型研究生创新能力培养的途径及方法研究"和吉林大学研究生核心课程建设项目"动物考古学研究生核心课程建设与创新"，这两个项目分别针对研究生学术创新能力培养及研究生核心课程建设。我当时刚刚开始给研究生授课，以前也从未接触过教学改革项目或者论文，一时间有点惴惴不安，但很快我在项目准备、申请、收集资料及撰写教学改革论文等各个环节中都得到了锻炼，不到半学期我就发表了第一篇教学改革论文——

《动物考古学专业研究生课程教学方式改革问题研究》（发表于《教学研究与实践》2011 年第 1 期）。记得当时杂志的责任编辑还在邮件中表扬了我，并把这篇文章作为封面介绍重点推荐，这给予我在教学改革论文撰写方面极大的信心和鼓励。

自 2011 年起，我成为本科生田野实习的带队教师之一。连续带了几年实习后，便对高校考古学科田野实习的教学方式、教学关系产生了兴趣。2013 年，我申请了吉林大学本科教学改革研究项目中的青年教师教学能力发展项目，项目主题是"高校考古学本科专业田野考古实习教学的研究"，立足于田野考古实习带队的一些问题，在项目运行期间发表了《高校考古学专业本科田野实习中的教学关系分析——以"80 后"教师与"90 后"学生构建的新型教学关系为例》一文。

2017 年，吉林大学考古学科入选国家"世界一流大学"A 类高校"一流学科"建设名单，我开始关注考古学科"双一流"建设特定背景下的人才培养模式。因此我申请了吉林大学 2017 年度本科教学改革研究项目，主题为"高等院校考古学科创新人才培养模式研究"，并完成了《高等院校考古学专业田野实习基地建设的研究与探索——以吉林大学为例》及《高等院校考古学科本科实验项目的意义和作用——以吉林大学动物考古方向为例》两篇教改论文。因项目运行良好，中期检查过后被增补为重点项目。在此期间，由我指导的两项国家级大学生创新创业训练项目组分别发表了一篇学术论文，也算是为该教改项目画上了一个圆满的句号。

2017 年,我申请了国家留学基金委青年骨干教师出国研修项目,这也使得我在 2018 年这一年里,有充足的时间整理并重新润色我之前完成的教学改革论文。本书大部分内容为我与陈全家老师合著,此外还包括吉林大学考古学科近年一些学者的教学改革方面的论文,诸如吴敬老师的《学习兴趣的养成——以考古学专业本科生为例》及《考古学本科专业教育——以"四个回归"为切入点》、邵会秋老师的《美国名校生与我们的学生有何不同——从美国宾夕法尼亚大学课程的调查和实践出发》、蔡大伟老师的《新兴考古学——分子考古教研初探》以及魏东老师的《探寻、发现、感悟——体质人类学课程教学的思考》。内容涉及本科生教学中的田野实习、教学关系、创新实验项目和研究生教学中的教学方式、课程体系建设与创新,以及"双一流"背景下对考古学科建设的一些思考等。

特别感谢吉林大学哲学社会科学资深教授林沄先生为本书题写书名,对于先生的鼓励与期许,今后当加倍努力。吉林大学边疆考古研究中心的朱泓教授、王立新教授、刘艳女士、林雪川老师、苏海波老师、方启老师、史宝琳(Pauline Sebillaud)老师,山西大学历史文化学院的霍东峰老师,吉林省文物考古研究所的刘小溪老师在我带本科生实习时给予的帮助,使我对教育改革实践有了很多感悟和想法;吉林大学考古学院的赵宾福教授、李伊萍教授、段天璟教授、张全超教授对本书的结构提出了很多建设性意见；加拿大皇家安大略博物馆的沈辰博士及多伦多大学东亚系的何泳杉女士曾与我进行过有益的探讨；我的学生王家琪女士对全书进行了校对；上海古籍出版社的编辑宋佳女士为本书的出版付出了很多心血。在此，谨向支持和帮助本书出版的学者致以诚挚的谢意。

最后祝愿吉林大学考古学科越来越好！

2018 年 12 月 24 日

王春雪于加拿大皇家安大略博物馆（ROM）

图书在版编目（CIP）数据

增华集：吉林大学考古学科教学改革创新与实践／
王春雪等编著. —上海：上海古籍出版社,2019.6
ISBN 978-7-5325-9228-9

Ⅰ.①增… Ⅱ.①王… Ⅲ.①考古学—教学改革—高
等学校 Ⅳ.①K851-42

中国版本图书馆 CIP 数据核字（2019）第 087282 号

题　签：林　沄
责任编辑：宋　佳
封面设计：何　旸
技术编辑：耿莹祎

增华集
——吉林大学考古学科教学改革创新与实践

王春雪　吴　敬　邵会秋　编著
蔡大伟　魏　东　陈全家

上海古籍出版社出版发行

（上海瑞金二路 272 号　邮政编码 200020）

　（1）网址：www.guji.com.cn
　（2）E-mail：guji1@guji.com.cn
　（3）易文网网址：www.ewen.co

苏州市越洋印刷有限公司印刷

开本 890×1240　1/32　印张 5.75　插页 9　字数 110,000
2019 年 6 月第 1 版　2019 年 6 月第 1 次印刷

ISBN 978-7-5325-9228-9

K·2653　定价：65.00 元

如有质量问题,请与承印公司联系